序　憎悪・排除・批判——闘技場《アリーナ》としての書店は、今

あらゆる精神活動のうちで最低のものは、算術的な精神活動である。その証拠は、それだけが、機械によってもなしとげられる唯一のものである、ということである。

——ショオペンハウエル『知性について』細谷貞雄訳、岩波文庫

書店の棚を、ガウディの建築に喩えた人がいる。

書店の棚からは、買われるまたは返品されることによって本が毎日抜けていき、空いたところに新しい本が補充される。昨日と同じ書店は二度と現れず、棚をつくる作業は延々と繰り返され、終わり《ゴール》はない。そうして少しずつ変化していくさまが、一八八二年から現在も建設が続き、日々刻々と変化、永久に完成しないのではないかとすら思わせる、サグラダファ

ミリア大聖堂のようだというのだ（嶋浩一郎『なぜ本屋に行くとアイデアが生まれるのか』祥伝社新書）。

その喩えは、毎日二〇〇点以上刊行される新刊を、苦労しながら書棚に収め続ける書店員たちの実感に合う。「書店の棚は一日として同じではない。よって、書店には足しげく通うべき」との提言は、集客に悩むわれわれにはありがたい。

日々の微細な変化も、時を経て積み重なれば、大きな変容となる。気がつけば書店員が思っても見なかった書棚が出来上がっていることもある。

新刊配本に対して、多くの場合書店員は受け身であり、入ってきた本をとりあえず並べる。店に在庫する冊数や展示場所は、売れ行きに左右される。その結果である書棚の風景は書店員の志向に沿っているとは限らず、書店員は時に大きな違和感を覚える。

『NOヘイト！』

今多くの書店員に大きな違和感を与えているのは、隣国の人々を貶め憎悪を煽る「嫌韓嫌中」本——いわゆる「ヘイト本」が溢れる書棚の風景だろう。それらの本を製作し、次々に書店へ送り込む出版社の人たちにも、違和感はあるに違いない。二〇一四年年一一月、日常の作業の中に埋没しながら積み上がってきた違和感が、一冊の小さな本に結晶した。ヘイトスピーチと排外主義に加担しない出版関係者の会編『NOヘイト！　出版の製造者責任を考える』（ころから刊）。この本の元になったのは、二〇一四年七月四日に開催されたシンポジウム「「嫌中憎韓」の本とヘイトスピーチ　出版物の「製造者責任」を考える」と、それに先立って行われた書店員へのアンケートの回答である。

書棚が「ヘイト本」で埋め尽くされることに抵抗を感じる回答が多く寄せられる一方で、「表現の自由を否定するのか」などといった反発、「編集者や出版社は、思想に奉仕するためにあるものではない」、「出版社が売れる本を出すのは当然だ」という反論もある。

書店員は、どうすればよいのだろう？　「ヘイト本」など売りたくないと思うなら、自らの信念に従って速やかに書棚から外すべきなのか？　だが、ただでさえ売上が落ちている中で、実際に売れている本を書棚から外すのは難しい。何より、「自らの信念に適う本」のみで店舗を形成・維持することのできる書店員は、まずいない。

といって、その基準を外に求め、法規制などを望むのは、ものごとをますますおかしくする。外的な権威による規制の導入は、差し当たっては強力な援軍になったとしても、必ず諸刃の剣として、自分に返ってくる。外的な規制という手段が、たとえば『はだしのゲン』を学校図書館から排除しようとする動きにも、利用され得るのである。

かつて、ヴォルテールは――実際には彼自身の言葉ではないそうだが――「私はあなたの意見には反対だ、だがあなたがそれを主張する権利は命をかけて守る」と宣言した。

アメリカのオリバー・ウェンデル・ホームズ・ジュニア連邦最高裁判所判事は、「真理の最上のテストは、市場の競争においてみずからを容認させる思想の力である」と主張した。その「思想の自由市場」理論からは、間違った主張や言論に対しても法的規制は許されず、言論で対抗すること、すなわち、「言論には言論で」という対抗言論の法理が導かれる。

多様でしばしば相対立する思想・信条が籠《こ》められた書物の森である書店現場で三〇年以上勤務してきたぼくも、そうした考え方に共感し、自らの志向に反する書物、たとえ荒唐無稽と思える本でも、安易にその森から排除することはしたくない。むしろなぜそのような考え方が生じるのか、どうしてそうした本に共感し購入していく読者が少なからずいるのか、そのことを知りたい、そのために、自分もそれを読んでみようと思う。

一水会顧問の鈴木邦男があるトークイベントで語った言葉が、とても印象的だった。「私は、右翼の活動家として、若い頃から多くの書物を読んだ。もちろん最初は、保守思想、愛国主義といった傾向のものを読んで自らの思想形成をしたのだが、そのうちに、敵対する左翼陣営の連中が、なぜそんなことを考えるのか、彼らの思想の源は何か、それを知りたくなって、自由主義やマルクス主義などの本も読むようになった。実は、自分の思想信条を強化する本を読むよりも、自分に敵対する思想信条の本を読んだ方が、よほど勉強になった」(鈴木邦男『歴史に学ぶな』(dZERO)刊行記念トークイベント[二〇一四年六月二一日、ジュンク堂書店難波店])。

決して、信念が揺らいだわけではない。自らの思想信条に抵触する言論を読むことによって、それが逆に鍛えられていくのだ。

大澤真幸は、「ショックを受けたとき、人は思考しないではいられなくなる」という。「思考というものは自分の内側から湧いてくると思ったら大間違い」で、思考には「思考の化学反応を促進する触媒」が不可欠だ。その触媒とは、時には対話の相手、時には黙って聞いてくれている聞き手である他者であるが、「その次に重要な触媒は、まちがいなく書物だ」(『思考術』河出ブックス)。

ショオペンハウエルは、「読書は言ってみれば自分の頭ではなく、他人の頭で考えることである」(「思索」『読書について』斎藤忍随訳、岩波文庫、所収)と喝破したが、大澤によれば、「ものを考えるということは、一見、モノローグのように見えるが、実は対話」であり、無意識のうちに相手の反応に触発されている部分が大きい」、思考している場所とは、「自分と他者のあいだ」なのである。

人を思考へと促す、即ちショックを与える書物は、既に知っていることがら、既に信じている思想が書かれた書物よりも、知らなかったこと、にわかには同意できないことが書かれている書物であろう。その本に書かれていることに最終的に同意するにせよ全く共感できず自らの考えを強化する結果となったにせよ、読み手は読後確実に変化している。

そして、ある言説を批判しようとすれば、相手の言っていること、書いていること、考えていることを知らなければならないのは当然である。その影響がどのような形で、どのような大きさで現れているかを知ることも必要である。対抗する思想を載せた書物を抹殺・排除することは、有効な反論をむしろ不可能にし、そうした思想を持つ人、共鳴する人が実際にいるという事実を隠しつつ温存してしまう。本を出す《パブリッシュ》ということは、公の場《パブリック》に出てくること、議論をぶつけ合う闘技場《アリーナ》に出て来てくれるということなのだ。批判する側にとって、むしろ歓迎すべきことなのである。

特に批判対象が、「嫌韓嫌中」のような排除の思想であるとき、その思想の表明や媒体を排除しようとする戦略は、批判する側も敵方と同型となってしまい、議論も批判も成立しなくなる。誰かを心底憎む人が、往々にして憎む相手に似てきてしまうように。

オウム真理教事件

今から約二〇年前、一九九五年のオウム事件直後のことを思い出す。

「地下鉄サリン事件」など一連の事件が、麻原彰晃を中心としたオウム真理教幹部によって起こされたものだということが発覚してすぐに、全国の書店店頭から、オウム出版の本が一斉に消えた。それまでは、刊行点数も多く、全国の信者が書店営業を熱心に行い、教団が信者に書店での購入を指示していたため、多くの書店の宗教書コーナーでそこそこの占有率を持っていたのだ。それらがほぼ全て、返品された。

全国の書店員にとって、書棚からオウム出版の本を抜くのは、当然の作業だった。多くの死傷者を出した凶悪な犯罪集団の著作物が書店の風景の一角を占めるなど、許されないことだった。

だが、ぼくは、オウム出版の本を外さなかった。もちろん新刊は出ないし、補充もままならなかったが、在庫は返品せず、店頭に出し続けた。

ぼくは、オウム真理教信者ではない。シンパであったことも一度もない。売れるから外さない、というタイプでもない。なぜぼくはオウム出版の本を外さなかったのか。

第一に、オウムの犯罪が明らかになって以降、もはや「書籍に騙されて」入信する人たちはいないだろう、むしろ事件後にオウム出版の本は無害になったと言える。

第二に、オウム真理教が前代未聞の事件を起こしたのであれば、学界やジャーナリズムの人たちは、その原因や状況について検証するのが仕事である。その原資料としてのオウム出版の本を提供する責任が、書店にはある。

第三に、犯罪発覚以後、すべてのマスコミがオウム真理教を敵視し、多くの自治体で入居を拒否された（一連の事件と無関係な人々を含めた）信者たちは、完全な閉塞状況に陥っていた。彼らにとって、反論の場は、もはやオウム出版の出版物にしかなかった。実際には事件後の発行は不可能だったとしても、かつて出版されていたものが、すべて市場から排除されることによる無力感、絶望感が、彼らを必要以上に追いつめることになるのではないか。それはかえって危険ではないか。まず勝ち目のない状況においてもなお主張、表現を許される場があるということが、「出版の自由」であり、それが持っている価値ではないか。

シンポジウム「「嫌中憎韓」の本とヘイトスピーチ　出版物の「製造者責任」を考える」でも、ある元編集者が、次のような発言をしていた。

「オウム事件が、それ以降の日本のマスメディアを大きくゆがめたと思っています。当時、オウム絡みの記事にはオウム側からいっさい反論がなかったので、何を書いても許された。つまり、「書き得」の状況が生まれた訳です。……オウムに関しては何を書いても許される風潮のなかで、記事の裏をとるという最低限のタガがはずれてしまった。」

その結果、オウムに対する根も葉もない虚言を書いた手紙が、そのまま記事になってしまうようになったという（前掲『NOヘイト！』）。

彼が述懐するとおり、タガが外れたマスコミは、オウムに対する容赦ないバッシング合戦を繰り広げる中で、取材の原則、記事の節度を失い、無責任な情報のたれ流しや人権無視の集中攻撃を、どんどんエスカレートさせていった。ネット上の「炎上」などをあげつらうマスコミは、実は自分たちがそのお手本となったのではないかと自問すべきである。

排除しないことは批判の手を緩めることではない。事実は徹底的に解明すべきであり、批判すべきはとことん批判すべきである。だが、事実無根の中傷は、批判とは違う。

朝日新聞批判

日本のマスコミの代表格である朝日新聞がそのマスコミ業界から十字砲火を浴び始めたの

は、二〇一四年の秋口だった。書店の特に雑誌売場に「朝日糾弾」の文字が躍り、ドンドン増殖していった。八月五、六日付朝日新聞の特別記事で、一九八二年の吉田清治氏の「慰安婦狩り」証言が虚偽であり、それに基づいて書かれた記事も不適切なものであったことを認めたことが直接の火種となり、さらに「福島第一原発事故の際、部下が吉田昌郎所長の命令を無視して避難した」との九月一一日の報道が誤りであったことを謝罪した、朝日新聞社木村伊量社長の謝罪会見が油を注いだ。

謝罪に際しては、守るべき公準がある。ぼくたち小売業の人間は、お客様のクレーム対応を繰り返すことによって、それを身体で覚える。

自分たちに非があったことを認めるならば、非の内容と範囲を明確に認識し、その点に集中して徹底的に詫びることが何より大切である。自分が非を認めていない範囲に言及すれば、知らず知らずのうちに自らを正当化しようとする言葉が出てしまい、さらには、自らが非と認めている部分までも糊塗しようとしてしまうからだ。

「従軍慰安婦」については、「吉田証言」の報道が誤りであったことを徹底的に謝罪することに絞られるべきであり、「朝鮮人従軍慰安婦」が実際にいたかどうかにまで話を広げてはならない。また、福島第一原発事故についての誤報道を謝罪する際に、原子力発電の是非についての社論は無関係である。

一方、批判する側も、謝罪する側と同じく、批判の対象を明確にすること、むやみに拡大しないことが作法である。「吉田証言」や福島第一原発事故についての誤報を十分なウラを取らずに流してしまった朝日新聞の軽率さとチェック体制の甘さを叱ることが、批判の作法の範囲内であった。

だが、朝日新聞批判の雑誌記事、寄稿、対談の多くは、誤報道そのものから、朝日新聞社の取材姿勢や歴史観に批判の対象が拡大されていた。多くの記事や書物に溢れているのは、罵倒、誹謗、怨嗟の言葉であり、朝日新聞の存在を否定し、葬り去ろうという執念さえ感じられる。雑誌売場に林立する表紙たちの風景は、「集団いじめ」の様相を呈した。「いじめ」はたいてい、「だって〇〇が間違ったことをするのだもの」から始まる。そして、「間違ったこと」の譴責が〇〇の人格の批判、さらには存在そのものの否定へとエスカレートしていくとき、それは「いじめ」となる。

批判の矛先が「朝日新聞を支えてきた戦後左翼、日教組」に及ぶものも散見され、韓国や中国、そしてアメリカの姿勢を非難するものも少なくない。果ては、「国連脱退もやむなし」という「勇ましい」主張も見られる。それらは、誤報道批判を大きく逸脱している。

「慰安婦」にまつわるジャパンバッシングのすべてを朝日新聞の誤報道の責任に帰する論調は、朝日新聞を貶めるよりも、むしろ朝日新聞の存在感を不当に、過大に評価してしまっているると知るべきだ。歴史的事実は、現場に立ち合った人間の証言がもとになって構成されるほかない。その証言には、真実もあれば誤認もあれば意図的な偽証もあるだろう。その証言を徹底的に検証するのが、学問やジャーナリズムの仕事である。一つの誤報道に、三〇年以上の長きにわたって日本の歴史認識を代表させてしまったことをこそ、朝日も、朝日を批判する側も、双方が猛省すべきではないのだろうか。

『NOヘイト！　出版の製造者責任を考える』に寄せた文章で、弁護士の神原元は、「反韓反中本」批判の公準を、次のようにいっている。

「私が主張するのは、「反韓反中本」の記載内容がどれほどまでに事実に即しているかの点であって、本の「思想」を問題にしているのではない。「思想」は左右いろいろあってよいが、自己の思想を支えるために、「虚偽の事実」を本に書くなと言っているのだ。」

ヴォルテールやホームズ判事と共振する非常に明確な公準であり、ぼくも基本的には同意する。

だが、厄介なのは、判断基準となる、その「事実」である。「裸の事実」「客観的な事実」

は、存在しない。

森達也は、多くの著書で繰り返し、たったひとつの「真実」なんてない、ドキュメンタリーは監督の主観が創る、と主張している（『たったひとつの「真実」なんてない　メディアは何を伝えているのか？』ちくまプリマー新書、『ドキュメンタリーは嘘をつく』草思社など）。確かに、映像も言論も、いかに「事実」を伝えようとしても、それは撮り手や書き手の目で見た「事実」であり、アングルや言葉を選んで創り上げた「事実」なのである。ぼくたちにせいぜい可能なのは、さまざまな「事実」をぶつけ合い、より信憑性があり、より確信できる「事実」へと漸近していくことなのだ。そのプロセスは、排除の論理からは決して生まれない。

人が手にし、表明、表現、主張できるのは、「事実」ではなく、「事実」への信念である。すべてを見渡し見通すことの出来る視座はないから、ある人が「事実」と思っているものは、その人の信念に過ぎない。自らの信念を絶対視する人々は、他者の信念を「虚偽」として排除しようとする。決して私利私欲ではなく、彼らの「正義」によって、そうする。漸近プロセスは止まり、「事実」からますます遠ざかる。「正義」ほど、始末におえないものはない。

知性は、どれだけ知っているかによって量られるものではなく、自分が何を知らないかをどれだけ知っているかで量られる。知性とは、知っていることの量ではなく、知ることへの意欲の強度である。自らの知を完璧と思い込み、「正義」に囚われて他者を排除する人たちは、知性から最も遠い。

書店はどうあるべきか？

たとえその主張に大いに疑問を感じる本でも書店の書棚から排除すべきではない、とするならば、書店員は、日々の仕事に違和感を覚えながらも、これまでどおり受け身のまま、配本された本を並べ、売れ行きに応じて発注し、入荷したらまた並べる、という作業を続けていたらよいのか？

実のところ、「ヘイト本」が溢れる書店の風景について、お客様から直接クレームを受けることは、滅多にない。朝日新聞批判の文字が躍る売場に眉を顰められることもない。だからといって、ぼくたちはそのことに安堵していては絶対にいけない。それは、書店を訪れる読者の多くが、書店空間に充満する憎悪と排斥の連鎖も「コップの中の嵐」に過ぎず、そもそも出版物や書店空間に大した期待をしていないことの証左かもしれないからだ。

「棚を占めるタイトルの割合は「嫌韓嫌中」を煽る内容に偏っており、ふらっと書店に立ち寄った利用客に既成事実であるかのような印象を刷り込むのには十分に過ぎる」と、ある書店員は危惧する（前掲『ＮＯヘイト！』）。本は、読者の心に侵入し、多かれ少なかれ変容させる。そのことの出来ない本に価値はない。自分が展示した本が、自分がつくった書棚が読者に害悪を与えるリスクを引き受ける覚悟を、書店員は持たなければならない。その上で、主体性を持って仕事をするべきである。排除しないのと傍観することとは違うし、中立である必要もない。中立であることは、思われているほど立派なことではない。「嫌韓嫌中」を煽る書物をたとえ排除しないにしても、そうした本で書棚が埋め尽くされない様にする工夫はいくらでもある。カウンターとなる本は存在するし、そうした本を見つけ、積極的に仕入れて、思いを込めて展示し、読者にアピールすることは可能だし、するべきである。

コンピュータの導入によって自他のＰＯＳデータ＝販売記録が速やかに、正確に見られるようになり、便利になった分だけ、書店員はデータに縛られ操られるようになった。こぞって売れ行きの良いものを追いかけるようになり、書店の風景は、どこも変わらないものになってしまった。書店員は、「数字を見て考えている」と言うかもしれないが、売れ数のインプットに応じて注文数をアウトプットするのは、きわめて機械的な作業であり、「考えているのではない。そのような作業が積み重なって出来ている書店は、今ある社会とその欲望、格差の増幅器になるだけで、決して社会の変換器にはなれない。新しい書物に期待されているのは、社会の閉塞状況を突破するオルタナティブである。過去のデータを追っているだけでは、そうした書物を発見することはできない。

若松英輔は、今人々は、自分で考えることを止め、誰かが真理を語り始めるのを待ってはいないだろうか、と問いかける（「古典学徒の矜持　田中美知太郎を読む」『文藝春秋』二〇一五年一月）。読者がベストセラーや「〇〇大賞」受賞作のみを追いかけ、あるいはネット書店のレコメンドを重宝がり、書店員が売れ行きデータだけに従って仕入れをする状況では、その問いにＮＯと答えることは出来ないだろう。

書店の棚をガウディの建築に喩えた嶋浩一郎は、言語化できる人の欲望は限られていて一割にも満たない、と言う。残りの九割を発見するために、人は書店へ赴くのである（前掲『なぜ本屋に行くとアイデアが生まれるのか』）。書店は、その期待に応える、発見に満ちた刺激的な場でなければならない。

願わくは、今日出る書物は、明日に向かった提言で満ち、人の知性を発火させるものであってほしい。そして、書店は、書物が喚起した議論が実り豊かな結果を産み出す、活気に満ちた「闘技場《アリーナ》」でありたい。

（『現代思想』二〇一五年二月）

＊＊＊

本書は、人文書院の公式サイトに毎月ぼくが連載しているコラム「本屋とコンピュータ」を中心に、二〇一四年後半から二〇一六年初頭にかけて、『現代思想』、『ユリイカ』、朝日新聞社の月刊誌『Ｊｏｕｒｎａｌｉｓｍ』、ネットマガジン「ＷＥＢＲＯＮＺＡ」、出版業界紙『新文化』などに寄稿した文章を収録、再構成したものである。

時期的には前著『紙の本は、滅びない』（ポプラ新書、二〇一四年）刊行以後の文章を集めたものとなるが、『紙の本は、滅びない』が、キンドルの「上陸」と共に「紙の本→電子書籍」という流れは必然的だと喧伝された風潮に何とか対抗せんとする企図によって構成されているのに対して、本書所収の文章では、「ヘイトスピーチ」や「民主主義」など、現代社会、政治の現実に関する話題が中心になっている。

『紙の本は、滅びない』が取り上げた出版・書店業界の危機は、ますます深刻化している。書店や出版社の廃業・倒産、取次の危機や破綻と、販売総額が落ち続ける出版・書店業界の「シュリンク」は、今なお止まるところを知らない。その要因の一つである電子書籍化の自明視への批判の必要性は、ぼくの中でいささかも減じてはいない。

だが一方、出版・書店業界が拠って立ち、かつコミットしている社会、経済、政治の状況もまた、ますます混迷を深めている。世界全体に広がる経済破綻、政治の迷走、社会全体を覆う不安と不満……。「安保関連法案」の深夜の強行採決、イスラム情勢、欧州の混乱、世界で続発するテロ。

身近な出来事でいえば、二〇一四年末からジュンク堂書店難波店で開催していた「店長本気の一押し『NOヘイト!』」に対するクレームを、ぼく自身何件も受けたし、昨秋には、MARUZEN&ジュンク堂書店渋谷店での「民主主義」を称揚するブックフェアに絡んだツイッターが「炎上」し、フェアの一時撤去を余儀なくされた。

波状攻撃的に押し寄せる様々な事件についてコメントを求められ、読み、考え、書く中、ぼくは、時代の大きなうねりと書店現場の日常の出来事は、強く相関していると感じた。出版が、時代状況に拠って立ちながら逆にその状況そのものにコミットしていく営為であるのだから、それは当然のことかもしれない。

「紙の本」の危機は「民主主義」の危機である、そんなテーゼが頭をよぎった。そのテーゼが正しいのか、それとも書店人であるぼくの思い入れ、思い込みに過ぎないのか、この本に収めた文章を読んでくださる読者一人ひとりが考えてくだされば、著者としてそれにまさる喜びはない。

時代に寄り添い向き合いながらぼくが投げた文章たちを、一冊の本に手際よくまとめて下さった、人文書院編集部の松岡隆浩氏に、感謝します。

書店と民主主義　目次

第II部

第I部

第Ⅰ部の初出は明記したものを除き、すべて人文書院ＷＥＢサイト「本屋とコンピュータ」

書店のコンシェルジュ

二〇一四年六月二一日(土)、ジュンク堂書店難波店に一水会顧問の鈴木邦男さんをお招きし、『歴史に学ぶな』(dZERO)刊行記念トークイベントを開催した。

トークは、「女子大生、OLがカレシにしたい歴史上の人物」ベスト3だという坂本龍馬、織田信長、土方歳三は、すべて司馬遼太郎が書いたヒーローに過ぎないと指摘、自らも右翼活動家であった若かりし日々に土方歳三に魅了されていたことを「自己批判」しながら、小説や映画に描かれた〈歴史〉や人物像は美化され、実際の歴史事実からは大きくかけ離れている、だから、「歴史に学ぶな」と参加者に訴えて始まった。

鈴木さんが、つくられた〈歴史〉に学ぶな、むしろ体験に学べ、と訴える第一は戦争である。映画やドラマに仕立て上げられた〈戦争〉ではなく、「ひたすら暗く、残酷で救いがない」実際の戦争を、そこに居合わせた人々から学べ、と鈴木さんは言う。そして、何人もの漫画家がそれぞれの体験を描きこんだ『漫画が語る戦争』(全二巻、小学館クリエイティブ)を推薦する。

鈴木さんは大の読書家であり、書店を大いに愛し、その行く末を気にかけてくださっている。

「本屋に勤めている人は、月に何十冊と本を読んでるんでしょう?」

月に三〇冊読むことをノルマとして自己に課している鈴木さんから発せられることをぼくがもっとも恐れていた質問が、トーク半ばで投げかけられた。

「月に何十冊も本を読んでいる書店員がいたとしたら、それは多分仕事をしていない書店員で、ぼくはそういう人を叱らなければならない立場にある」と、会場からの笑いを誘って逃げるしかない。

「でも、本が好きな人が勤めてるんでしょ?」、鈴木さんの尋問は止まらない。

「いや、本が好きでない人も、いるかもしれません。」

「?」

「……」

「最近、本は月に一冊しか読まない大学生が四割もいる、と新聞で読んだ。そんなの大学生じゃないだろう、本を読むのが商売だろう、読まないのなら大学生なんてやめちまえ、と思う」と少しばかり鈴木さんの矛先が変わったことに、ぼくは助けられた。

「かつては、いろんな思想全集があった。筑摩とか、河出とか。最初は必要なものから読んだのです。「国家神道」や「保守主義」とか。でもそのうち欲が出てきて、せっかくだから全巻読んでみようと欲が出てきて、「反戦の思想」とか「平和の思想」とか。その時はわからなくても、考えて、悩んで。それがよかったと思いますね。」

自らの読書体験を振り返りながら、読書とは、決して自分の考えをより強固にするために読むことではない、と鈴木さんは言う。

「自分の考えが崩される、自分の思い込みが崩れると、嬉しい。ああ、そうだったのか、と。そういう異質なものに出会うために本というものはあるんですよ。自分と違う考え、自分とは全く反対の、自分には理解できない考えが、なぜそうなるのかを知るために、本というものは読む必要がある。」

今、書店の棚を席巻している『呆韓論』（室谷克実著、産経新聞出版）、『マンガ嫌韓流』（山野車輪著、普遊舎）、『恥韓論』（シンシアリー著、扶桑社）などというタイトルを（おそらく苦々しく）眺めた上での発言である。鈴木さんのような意識を持って本に対峙する読者がもっと多ければ、書店の風景も、国家のありようも、今とはずいぶん異なったものになるに違いない。

ネットショッピングでは当たり前になったレコメンド機能にも、言及する。「こういう本を読んでいる人は、こんな本も読んでいますよ、なんていうアドバイスではなく、こんな本ばかり読んじゃ駄目ですよ、違う考え方のこういう本も読んだらどうですかと、アドバイスした方がいいのでは?」

そうでありたい。ぼくたちは、これを売りたい、ぜひ多くの人に読んでほしいと思う本に関して、もっと積極的で貪欲であっていいのだ。

「最近、ほら、料理の相談をするような人が、書店でも出てきましたね。コンシェルジュ?ああいうのはどうですか?」鈴木さんの本好き、本屋好きは半端ではない。

「ぼくはやる自信はないですね。」今度はキッパリと、ぼくは答えた。

「本当に限られた範囲内ならできるかもしれないが、本のことを訊いたらなんでもわかると謳っているのだとすれば、コンシェルジュを詐称する自信はありません。そうありたいという思いを持ち努力することはとても大事だと思うが、何から何まで知っているような書店員は、どこにもいません。コンシェルジュに本のことを訊いた時に、コンシェルジュがいきなりキーボードを叩いてネットを検索し、「こんなん出ました」と答えたとしたら、ひどくがっかりするしかないですよね。」

「それだったら、最初から客が自分で叩けばいいんだ」と鈴木さんは笑う。

「ただ」とぼくは続けた。「何か得意分野を持っている書店員も多い。それがお客様自身も興味を持っている分野なら、そういう書店員を見つけて色々な情報を聞き出したり、利用したりしたらいいと思います。どういうジャンルが得意かは、棚を見ればわかる。それを探って色々とその書店員に聞いてみるのは、上手な書店の利用法だと思うし、書店員にとってもはげみになります。」

そうした関係を持てたお客様からの問い合わせに対して、「いや、その本を読むんなら、こちらを読んだ方がいいですよ」と応えることができれば、書店員冥利に尽きるだろうな、と夢想したりする。

同時に、思う。お客様とそのような関係を持てるならば、それは、書店員にとって何よりも勉強になるだろう。お客様が発してくださる問いこそが、ぼくたちの研鑽の源だから。書店に来てくださるお客様こそが、ぼくたち書店員にとってのコンシェルジュなのである。

（追記　鈴木さんが、ウェブマガジン「マガジン９」で、トークの様子と感想を書いてくださいました。併せてお読みいただけるとうれしいです。http://www.magazine9.jp/article/kunio/13285/）

（二〇一四年六月）

ヘイト本と書店1

二〇一四年一二月一四日（日）の午後六時過ぎ、予想されたとおり記録的な低投票率と自公の勝利で衆議院選が終わりつつあるころ、ぼくは御堂筋から宗右衛門町に入り、「無料相談所」の立ち並ぶ道を西へと、ロフトプラスワンウエストに向かっていた。

今年四月に、自身が勤める書店から歩いて一五分くらいのところに、トークライブハウスロフトプラスワンウエストが出来ていたことを、迂闊にもぼくは知らなかった。本家である新宿のロフトプラスワンには、池袋本店時代に二度ばかり行ったことがある。一度目は、確か二〇〇五年の年末、その年の四月に全面施行された個人情報保護法の反対集会で、吉田司さんとご一緒し、会場には、斎藤貴男さん、森達也さんらがおられたのを覚えている。

今回ぼくをロフトプラスワンウエストに赴かせたイベントは、「日本の出版業界どないやねん!?　物書きと出版社出て来いや！　スペシャル」と題された「凡どどラジオ」の公開中継である。「凡どどラジオ」は、ぼんとどぅーどぅるという「在日」の二人がパーソナリティをつとめるインターネットラジオで、その日のゲスト（＝呼びかけに応じて「出て来た」物書きと出版社）は、「在特会」に取材した『ネットと愛国』（講談社）の著者安田浩一氏と、『ＮＯヘイト！　出版の製造者責任を考える』を刊行した出版社ころからの木瀬貴吉氏であった。

『ＮＯヘイト！』の出版に大いに共感し、ジュンク堂書店ＰＲ誌『書標』に書評も寄せていたぼくは、ある人の紹介で、一一月の終わりから、木瀬氏とメールのやり取りを始めていた。その中で木瀬氏に、「出演が決まったので、ぜひ来て下さい」と誘われ、何よりも木瀬氏にお会いしたく、そのイベントに赴いた次第であった。「共演」の安田氏とも、一月の森達也氏の大阪市立中央図書館での講演でお目にかかり、もっとお話しを聞きたいと思っていたので、とてもいい機会であった。

「嫌韓嫌中」本を出版し、書棚に並べる出版社や書店の人たちが、そのことへの違和感、自分たちの営為への疑問や反省を、一冊の本として結晶させたのが『ＮＯヘイト！』である。そこには、「ヘイト本」をつくり扱うことに抵抗を感じる声が多く寄せられたが、一方で「表現の自由」を盾に取った反論や、出版業も書店業も商売なのだから、売れ行きに合わせて仕事をするのは当然という意見もある。そして現実に、多くの書店の書棚には、「ヘイト本」が溢れている。

そうした「ヘイト本」の増産、それらが書店に並ぶ風景を糾弾するのが、「日本の出版業界どないやねん!?　物書きと出版社出て来いや！　スペシャル」のテーマであった。

「在日」二人の掛け合いで笑いを誘いながら、「凡どどラジオ」は、「在特会」のヘイトスピーチに満ちたデモ、あまつさえ朝鮮学校の生徒たちにも罵詈雑言を浴びせかける活動を糾弾していく。「在特会」のヘイトデモに対抗し、それを追放しようとするカウンターデモの臨場感あふれる報告がなされ、熱気は会場全体を包んでいった。

木瀬さんは、語る。

「「表現の自由」とは、為政者・国家からの表現者の自由を言い、「何でもあり」ということではない。我々業者じしんが、製造者責任を問うのは、「表現の自由」には決して抵触しない。書店に「嫌韓本」が並んでいるのは、攻撃対象である「在日」の人たちに大きな心の傷を与えるから、間違いなくヘイトクライムである。規制して当然だ。」

安田さんが続く。

「今、「表現の自由」を奪われ、沈黙を強いられているのは誰か!?　その人たちの「表現の自由」を、「表現の自由」を振りかざす連中は、決して守ろうとしてはいない。」

一番前の席で聞いていたぼくは、「中入り」で木瀬さんと初めて言葉を交わし、安田さんやぼんさんにもご挨拶をした。そして、イベントの後半、書店の人間として発言するように求められた。ぼくは快諾した。

ラジオ放送は既に終了し、後半の部が始まって四〇分ほどたった時、「会場に書店の人が来ているということなので、発言を」と振られ、ぼくは概ね次のように答えた。

「このイベントに参加できて、嬉しく思っています。ヘイトスピーチもヘイト本も、ぼくは大嫌いだし、パーソナリティのお二人や安田さん、木瀬さんのやって来られたことには心から敬意を表します。しかしそれでも、書店の人間として、「ヘイト本」を書棚から外すという選択はしません。現にそこにある事実を覆い隠しても、それがなくなるわけでもなく、見えなくするのは結局良い結果を生まないと思うのです。むしろ、そうした批判すべき本を、実際に読んでみる必要があると思います。一水会の鈴木邦男さんが、トークイベントで言われていました。「自分の考えを強めるためにする読書は、実はあまり重要ではない。むしろ、なぜこいつはこんな考え方をするのか信じられない人の書いた本を読むことが、勉強になった」と。だから、ぼくが今この瞬間にもっとも読みたい本は『大嫌韓時代』（桜井誠著、青林堂）かもしれません。もちろん、そうした本に感化されない自信があって言うのですが、実際に『大嫌韓時代』を読んでみたいと思います。」

会場から、予期せぬ拍手が起こった。そして、木瀬さんが壇上からエールを送って下さった。

「完全にアウェーであるこうした場に、書店の人が来てくれ、そして話してくれたことが、とてもありがたい。」

迂闊にも、ぼくはその時まで自分がアウェーにいるなどとは、まったく気づいていなかった。考えてみれば、イベントのタイトルには「物書きと出版社出て来いや!」とあるが、書店は「出て来い」と言われていない。書店は、「ヘイト本」の乱立という事件が起きている場であるが、書店の人間は蚊帳の外か、議論の相手にはならないと思われているのか……。

書店の人間も当事者であり、時に加害者であるのだ。そのことに思い悩み、葛藤しながら、本を並べているのである。その一端が示されていることが、『NOヘイト!』に魅かれた理由のひとつでもある。

木瀬さんの言葉は、ぼくにとって何よりありがたかった。それは、書店の人間を当事者として迎え入れる言葉であったから、いや何よりもぼくが今アウェーにいるのだということを気づかせてくれ、そのことがぼくに不思議なよろこびを与えていたからである。アウェーに出て行くことこそ自分を鍛え、世界を拡げてくれるのだ。その意味で、自らがアウェーにいることに気づかないぼくの迂闊さはむしろ強みでは、と感じた。

そんな風に思えたのは、ぼくが翌一五日に会う予定であったアサダワタル氏の新刊、『コミュニティ難民のススメ』（木楽舎）をすでに読んでいたからかもしれない。

「コミュニティ難民」とは、アサダワタル氏の自己定義によれば、特定のコミュニティに属さず、自らの価値観を表現することと、その表現を社会と摺り合わせて「仕事」という枠組みで実践していくこととのハザマを漂いながら、生き続ける民である。この場合の「コミュニティ」は「地域コミュニティ」に限定されず、関心や価値観を共有する人々の集団、分野領域をいう。

「コミュニティ難民」は、ひとり小舟に乗って〈母島〉（職場、専門領域）の〈岸辺〉から飛び出し、アウェーである他の〈島〉に果敢に赴いていく。そして、常に「一体何者？」と問われながら、そこでさまざまな「仕事」をやり遂げていく。彼らの「仕事」は、アウェーでこそ輝く、あるいは、彼らは自らの「仕事」をつくり出すために、飽くことなくアウェーを探し求めていく。

「コミュニティ難民」は、明確な帰属先を持たず、常に不安定で、時に疎外感を経験する。が、決して孤独ではない。「小舟に乗る」＝敢えて「ひとり」になることによって、漕ぎ出した大海で、必ず他の「難民」に出遭うからだ。「難民」一人一人が、多くの人を呼び集め、まさに「編集」して「仕事」を仕上げる「ハブ」だから、それも当然かもしれない。

ころからの木瀬さんをぼくに紹介してくれたのは、大阪は堂島の、ジュンク堂書店大阪本店から四つ橋筋を渡って一分のところにあるビルの二階で、「本は人生のおやつです」という小さな、とても素敵な古本屋さん（新刊書も売っている）を営んでいる坂上《さかうえ》友紀さんである。木瀬さんは「坂上さんのハブ力は凄い！」と言う。

アサダワタル氏は、ぼくが勤めるジュンク堂書店難波店と同じビルにある共同通信社の多比良孝司記者と、京都在住の旧知の編集者川口正貴氏が、それぞれ別々に、ほぼ同時に紹介してくれた。

アウェーを怖れず、新しい世界を模索する「難民」たちが、蠢いている。

（二〇一四年一二月）

ヘイト本と書店2

前回の原稿を人文書院に送信した日、ジュンク堂書店難波店人文書コーナーエンド台で、「店長の本気の一押し！　Ｓｔｏｐ!!　ヘイトスピーチ、ヘイト本」を始め、写真と『ＮＯヘイト！』の書評を店のＨＰにアップした。

一二月二八日（日）の午後、カウンターから、「店長の本気の一押し！」フェアについて話を聞きたいとおっしゃるお客様が来られています、と内線電話を受けた。これまで、様々な本で「店長本気の一押し！」フェアを開催してきたが、コメントや質問を受けたことはほとんどない。だが、今回のテーマは、かなり微妙だ。待ち受けるのは果たして、「敵」か「味方」か？

カウンターの傍に立つ人のにこやかな笑顔に迎えられたぼくは、少しばかりホッとした。そのお客様は「宋君哲です」と名乗り、「フェアに私の本も置いてもらっています」と仰った。「ころからの木瀬さんに教えられて来たのです。」

宋君哲さんは、『長いは短い、短いは長い　なにわの事務長「発明奮戦記」』（ころから）の著者で、神戸朝日病院の事務長をしながら、仕事や日常の不便をなんとか改善しようと工夫を重ね、数々の発明品を生み出してきた人である。著書には、その奮戦ぶりが、時にコミカルに、時にほろ苦く、生き生きと書かれている。第二部の「半世紀」も、三五頁と短いながら、「在日」としての過酷な状況に負けない宋さんの明るさ、たくましさが印象的な文章である。宋さんが子供のころにお母様からもらった、というよりも投げつけられた、ある励ましの言葉がとても利いている。

『長いは短い、短いは長い』は、いくつかの発明品の特許を取った宋さんが、病院事務長という忙しい仕事の合い間を縫いながら、自らの発明品の販路を探し始めるところで終わる。その件《くだり》を読んだ時、懐かしさがこみ上げてきた。病院と取引のあった富士商会という文房具店が、宋さんの最初の商談相手であった。富士商会は、ぼくがジュンク堂で最初に勤めた店が入っていたサンパルビルの一階にある。文具好きのぼくはよく買い物に行き、先代の社長にも可愛がってもらった。しかも、読後に宋さんのホームページを覗いてみると、テレビ東京「ワールドビジネスサテライト」の「トレンドたまご」のコーナーで取り上げられ出演した宋さんが、商談シーンで話していた常務の玉井さんは、お互いに若かりし頃、とても仲の良かった人であった。四半世紀以上、会っていない。富士商会を「また、訪ねてみよう」と思った。本は、不思議な仕方で、思っても見なかった人と繋いでくれる。

ただし、本が繋ぐのは、懐かしい人たちとだけではない。

二六日、ころからの木瀬さんが人文書院のサイトにアップされた「本屋とコンピュータ」を発見してとても喜んでメールをしてくださった際、前から知らせていた「店長本気の一押し！」フェアについて、どのようなフェアか、いつ情報解禁かと聞いてこられたので、「もう始まっています」と写真を添付して返信した。すぐに、「フェア、すごいです。このお写真をＳＮＳなどにアップしても大丈夫でしょうか？」と木瀬さんのメール。ぼくは「ぜひに」とお願いした。

三日後の二九日。木瀬さんからメール。

「くだんの写真をいれた情報は、ツイッターでは七〇〇以上もリツイートされ、フェイスブックでは二五〇〇人以上に閲覧されています。いずれも破格の数字で、注目されているのだと改めて感じました。」

宋君哲さんは、それを見て、来店して下さったのだ。

木瀬さんが教えてくれた数字がどれくらい「破格の数字」なのか、ネットに詳しくないぼくにはわからない。直接声をかけて下さったのは宋さんだけだった。だが、「店長本気の一押し」フェアとしてはいつになく商品が動き出したので、木瀬さんの「情宣」がある程度効いたことは間違いない。ただし、反応したのは、「味方」だけではなかった。

最初の「攻撃」は、年が明けた一月八日（木）の午後だった。この日は、二人。まず女性、その後で男性から電話がかかってきた。クレームの内容はほぼ同じ。なぜ「店長本気の一押し！　Ｓｔｏｐ!!　ヘイトスピーチ、ヘイト本」などというフェアをしているのだ？　そしてそれを堂々と写真つきでホームページに載せているのだ？　お前は、朝鮮人や中国人の味方なのか？　そもそもヘイト本とは、どの本を指して言っているのか？　朝鮮や中国は日本を侵略しようとしている、という主張も共通していた。

最後の主張に対しては、「そのようなことは、ぼくには信じられません」と、はっきり断言したが、どの本が「ヘイト本」かについては、実際に読むまで判断できないし、ホームページに載せた書評でも特定してはいない、と答えた。ただし、最近読んだ桜井誠氏の『大嫌韓時代』については、韓国や中国、そして「在日」の人たちへの敵意が明確だから、「ヘイト本」だと思う、と付け加えた。『大嫌韓時代』と『在特会とは「在日特権を許さない市民の会」の略称です！』（ともに青林堂）は、一四日のトークイベントで発言した理由で、フェアのラインナップに入れていた。

そして、今回のフェアのテーマは、つまりぼくが「本気の一押し」をしたいのは、『NOヘイト！　出版の製造者責任を考える』という本で、隣国や隣国の人々を闇雲に批判する本が横行する中、売れるからと言ってそうした本を量産する今の出版状況を出版・書店業界の人たちが自ら「それでいいのか？」と問いかけるこうした本が出たことを評価し、広く紹介したいと思ったから今回のフェアを敢行した、比重はそちらにかかっているので、具体的に「ヘイト本」を特定し攻撃するのが目的ではない、と申し上げた。しかしどうにも聞く耳は持っていないようで、いかにぼくの姿勢が間違ったものであるかを、一方的に主張される。こちらも、フェアのテーマ、ぼく自身のモチーフを繰り返し、「フェアを下げる、あるいはホームページからはずすつもりはありません」と明言すると、電話を切られた。

最初に電話してきた女性が「ひどい目に遭っている」を連呼していた以外は、大体同じ非難が繰り返され、同じような会話のプロセスを辿った。

翌九日（金）にも、別の男性からフェアに対する同じようなクレームがあった。これも同じようなプロセスを辿り、最後には「お前に言っても埒が明かない」と切られた。その後でジュンク堂のホームページを管理運営しているネットストアHONにクレームの電話が入り、それを振られた営業本部から問合せの電話がかかってきた。ぼくは二日間のクレームの経緯を話し、対応についても説明した。了解してくれたようで、その後フェアについての指示はまったくなかった。

テレビも入った。一月一六日（金）、朝日放送報道局ニュース情報センターが撮影と取材に来店され、「店長本気の一押し！」フェア、嫌韓嫌中本が所狭しと並ぶ書棚、そして記者のぼくへのインタビューシーンを撮影していった。「凡どどラジオ」のぼんさんが、ヘイトスピーチやヘイトデモについて取材を続けている記者に連絡してくれたらしい。どれだけの反響があるかなあ、と期待と不安がないまぜになっていたぼくの表情に気づいたのか、記者は言った。「テレビでオンエアされただけなら、大丈夫だと思います。「彼ら」はテレビは余り見ないですから。だが、ユーチューブか何かに流れたら大きな反響があるかもしれない。」

オンエアは、一月二九日（木）の一八時台だった。ぼくは、棚卸の夜勤のため会社に向かう途中で、見ることができなかった。翌日、翌々日と、特に反応はない。

一月二六日（月曜日）、『現代思想』二月号が入荷した。巻末を「憎悪・排除・批判闘技場《アリーナ》としての書店は、今」（本書序）と題した拙稿が汚している。年末年始の手帳フェアが終わったあとのカウンター前フェア棚で、一週間前から「反知性主義と向き合う『現代思想』二〇一五年二月号特集ブックフェア」を展開していた。先月号の予告に載っていた執筆者の著書を集めたものだ。当然拙稿だけは内容が分かっていたから、関連する商品を並べた。『NOヘイト！』にも触れていたので、次の「店長本気の一押し！」が始まって押しだされた「ストップ!! ヘイトスピーチ、ヘイト本」の商品をすべて移してきた。

そしてネット空間の伝播力を改めて実感していたぼくは、この新しいフェアの告知を、写真を添付してツイッターに上げたのだった。

（二〇一五年一月）

出版文化を守るもの

『新潮45』二〇一五年二月号の特集「「出版文化」こそ国の根幹である」で、永江朗が昨秋上梓した『「本が売れない」というけれど』（ポプラ新書）が、波状攻撃を受けている。それも、二人の論者が、全く同じ箇所を攻撃しているのだ。

「本はタダではありません！」と、ややヒステリックに叫ぶ作家林真理子が、『「本が売れない」というけれど』の「しばらくまえ「図書館栄えて物書き滅ぶ」などと騒いだ作家や出版社があった。図書館がベストセラーを多数そろえて貸し出すので、出版社や作家の儲けが減るという主張だ。ずいぶん下品な物言いだ」という箇所に対して、「果たして本当に下品なことだろうか」と噛みつく（失礼！　反論する）。

「図書館の〝錦の御旗〟が出版社を潰す」と、石井昴（新潮社常務取締役）は次のように言う。「一方、著者の側でも日本文藝家協会理事の永江朗さんは、図書館に文句をつけるのは出版社や作家の儲けが減るというずいぶん下品な主張だと著書の中で論じている。両者に共通するのは本を消費する側の論理だけで、生産する側の事情にいささかの配慮もないことである」。ここで両者というのは、永江ともう一人、昨年一〇月の「全国図書館大会東京大会」の報告書に、「新潮社首脳の目論見　出版社の首脳が仕掛け人となって、図書館の貸し出し猶予目論む異様な過程を検証したい」と書いた、町田市立さるびあ図書館の手嶋孝典である。

直近に出た出版 - 書店論であったがゆえのとばっちりか？　「下品な」と筆が滑ったのがいけなかったか？

だが、永江の本は、作家や出版社の役員が目くじら立てて攻め立てるような内容の本ではない。本の流通形態はそもそも多様であり、さらに時代とともに変遷してきたこと、今また大きな曲がり角に来ていることを冷静に見つめ、出版や書店、そして本の未来のための積極的な提言も行っている。まさに林が評する通り「現実をきちんととらえている」が、「それをどこか「仕方ないこと」として肯定して」いる訳ではない。永江は決して本が読まれなくてもよいとは言っていないし、読まれ方には変化があるにしても実際には本は読まれているのではないか？と問うている。

コンビニ、郊外型書店、新古書店、メガストア、そしてアマゾン、電子書籍と、この四〇年間時代の変転とともにさまざまな「外敵」にむしられっぱなしだった「街の本屋」がどんどん店を閉めていき、危機が「中くらいの本屋」にも及んでいる状況を、永江は誰よりも残念に思い、悲しんでいる。二人が攻撃する「ずいぶん下品な物言いだ」の次の一文を、永江はつぎのように続けるのである。

「だったら本屋のない街に本屋を作ってくれよ、自分が住む都会を基準にものごとを考えないでくれよ、と思った。」

引用するなら、改行前のこの文まで引用して欲しかった、それでなければ永江の真意は伝わらない。

また、永江は、消費する側にのみ立って生産する側の事情に配慮していないわけではない。永江が未来に向けて提言しているのは、定価を上げることと段階的に変動するマージン率。

それによって書店の閉店を止めて疲弊を防ぎ、彼らが再び意欲を持って本を売るようになれば、出版社も作家も結果的に潤う。永江は決して両者の敵ではない。

林は、永江が「読者（消費者）」と表記し、「本は「所有」するものから「体験」するもの、あるいは「消費」するものに変わった。物体として所有するのではなく、読むことを体験し、情報として消費するのだ」と現状分析するのを嫌っているが、ぼくも本はどちらかというと「所有」ではなく「体験」するものだと思うし、ぼくたち書店員は本という物体に託して、お客様に「体験」を売っているのだと思っている。お客様はそれを「消費」するのだ。むしろ「消費」すると思って下さるから代価を（「消費」税と共に）払ってくれる。（「本を「消費」するもの、読者は「消費者」と考えるのは、本を書いてそれを売ったお金で、つまり印税で生活したことのない人だ」と林が非難しながら、すぐに「日本には筆一本で食べている作家は五〇人ぐらいしかいない」と続けているのは、ご愛嬌としよう。）

出版流通の存続のための技術的提案（定価アップ、段階的マージン率）を掲げながら、永江はやはり存続のキーとなるのは読者であると考えている。読者がどうするか、ではなく、作る側・売る側が読者をどう見るか、である。端的に言って、読者を尊重するか、である。「すべては、この「本」と「著者」と「読者」のために何ができるかから問われなければならない。「本」は出版社が活動を続け、その社員たちに給料を払うために存在するわけではない。出版社も書店も取次も、「本」を「読者」に手渡すためにある。現在の「本」を取り巻く状況はそのようなものになっているだろうか。著者が一〇年かけて書いた本が、書店の店頭から一週間で姿を消し、多くの読者が知らないうちに断裁されパルプになってしまう状況は、「本」と「読者」のためになっているだろうか。それどころか、出版社と書店と取次の経営のために、「本」と「読者」がないがしろにされているのではないか。」

巻末の永江のこの言葉に、作家が突っ込みを入れるべき箇所が、あるだろうか？

トーハンの新年会で新潮社佐藤隆信社長が、いわゆる「複本問題」を取り上げ、図書館のベストセラーの複数購入とその利用者への貸し出しが、出版社の利益を著しく阻害しているので、この問題の早急な解決が図られるべきだ、と主張したと聞いている。『新潮45』の特集が、新潮社を挙げた図書館批判を大きなテーマの一つとしても、不思議はない。ターゲットは、永江ではなく、図書館なのだ。だとしたら、やはり永江は、とばっちりを食ったと言えるだろう。

新年会といえば、この特集にも「日本の出版文化を守りたい　アマゾンと闘う理由」という文章を寄稿し、日本の出版書店業界がいかにアマゾンに侵食されたかを訴える紀伊國屋書店の高井昌史社長も、新年会ではアマゾンに消費税がかからない不公平をなんとか是正すべしと訴えられていたと聞いた。

アマゾンに対する税制面での不利は、ぼくもぜひ改善して欲しい。だが、日本を代表する出版社と書店の社長の年頭の挨拶としては、両方とも淋しいと感じざるを得ない。結局は、縮小しつつあるパイの、自分たちの取り分を増やせという要求であり、あえて言えば、「本が売れなくなった」ことの犯人探し、犯人づくりであり、建設的な展望を感じられないからだ。

実際、図書館が複本購入をやめ、あるいはベストセラーの貸し出しを半年間凍結したからといって、それがどれだけ販売数の上乗せに繋がるのか、誰にも分からない。何よりも、読者の利益とぶつかるそうした要求には、慎重であるべきだ。

図書館は、図書館法に基づいた公的機関であり、その設置は憲法で保障された市民の「知る権利」に基づく。出版社や作家の利益に抵触するからといって、簡単に介入できるものではない。だとすれば、図書館と共存、さらに共闘する道を探るべきではないか。

本を読まなくても、すぐに困ることは余りない。そして本のよさは、読んでみないと分からない。図書館が本と気軽に接することができる場、読書への敷居を低くしてくれる場であるなら、作家や出版社にとって不可欠な「読者の創造」のために協力していく方が、よほど未来の展望を開いてくれるのではないか。作家はどんどん図書館にでかけ、出版社はそれを仲介していく、図書館に情報を惜しみなく流す、まず与えることによって信頼を得、関係を構築していく。そうして「読者」というパトロンを増やしていくことが、まず第一にしなければならないことではないだろうか。ドラッカーは、企業の仕事はただ一つ、「顧客の創造」であると言った。

また、税制面での不利だけが、この一五年間アマゾンの躍進、独走を許した原因か、と言えば、決してそうではないだろう。なぜ、読者がアマゾンを使うのか、その視点から改めて検討、自らの業態を見つめ直していく必要があるのではないか。それは、なぜ自分たちの顧客がアマゾンに走ってしまったかを、真摯に反省する作業である。決して、自分たちの窮状の原因を他の誰かになすりつけることではない。

永江は言う。

「街の本屋からさまざまなものをむしり取っていったコンビニや郊外型書店やブックオフやアマゾンには、これからの街の書店の可能性を考える上でのヒントがたくさん詰まっているとも考えられる。奪われたものは奪い返せばいい。」

「奪い返す」のである。永江は決して、現状を「仕方ないこと」と肯定などしていない。タイトルの『「本が売れない」と言うけれど』という逆接詞のあと、文の後半を埋めるはずのどんな言葉を、永江は省略したのだろうか？

（二〇一五年二月）

本の宛て先

二〇一四年一月にポプラ新書『紙の本は、滅びない』を上梓した時、思いもよらず、三〇年以上会っていなかった大学時代の同級生が本を買いに店を訪れてくれたり、若い頃尊敬していた役者の先輩からはじめて手紙をいただいたりした。他にも、まったく知らない方を含めて、多くの方々から感想や激励の言葉をいただいた。広告や取材のおかげもあったに違いないが、本の力を改めて知ったぼくは、少しばかり悦に入って、「本は、宛名のない手紙。それでも不思議と、必ず、届いて欲しい人のところには届く」と嘯いていた。

ところが最近『街場の文体論』（内田樹著、ミシマ社）を読んでいて、「いわゆる「万人向けのメッセージ」なるものは実は誰にも届かないメッセージなのです」という一文に出遭う。

それに対して、届くメッセージは、メタ・メッセージ＝「宛て先があるメッセージ」だと、ウチダ先生は言うのである。「信仰の父」アブラハムが引き合いに出される。「生まれ故郷を離れ、私が示す地へ行きなさい」「全焼のいけにえとして、息子イサクをわたしにささげなさい」という神の命令にアブラハムが聞き従ったのは、神の言葉がほかならぬ神の言葉としてアブラハムに切迫してきたからであり、この言葉の宛て先は他の誰でもなく自分であるということだけはアブラハムに十全の確信を以て理解されたからだという。

ウチダ先生によれば、そもそも、「人間というものは、他者からのメッセージを簡単には受信しないように、つねに警戒している。だから、他者にメッセージを届かせるのはきわめてむずかしい」。

そうであれば、「宛て先」が明確であるということは、メッセージが届くための最低条件であるとも思われてくる。

確かに、「だれでもわかる〜」とか「みんなのための〜」というタイトルは、眉唾ものである。たいていの場合、その実態は、「だれにもわからない〜」か「だれのためでもない〜」である。「誰でも知っている話題」から入ると初心者は喜ぶという態度は、読み手を見下していて、合格点をもらうためだけに採点者に提出された「答案」と同じ種類の言語活動だ、とウチダ先生は言う。そして、書き手に要望したいのは、みんなに「読み手に対する敬意と愛」を身につけてほしいということだ、と。

一方で、ウチダ先生は、「自分がこれから何を書くことになるのか書く前にはわからない」、そして読者についても「リテラシーというものは、自分では自分が何をしているのかわからないままに行使されている能力」と言っている。こんなあやふやで曖昧な関係の中で、しっかりと「宛て先」を確定することなどできるのだろうか？　それこそ、「答案」のような、味もそっけもない文章になってしまうのではないか？

見誤ってはいけないのは、ウチダ先生は、「宛て先があるメッセージ」と言っているのであって、「宛て先が明確なメッセージ」とも「宛て先が限定されたメッセージ」とも言っていないということだ。

ウチダ先生によると、欧米では、日本にくらべて「宛て先が限定される」ケースが多い、という。

「先端的な学問的知見を「わかりやすい言葉」で解説するこういう仕事をする人がヨーロッパの学者にはほとんどいない。いるのかもしれないけれど、たぶん業績としては評価されない。僕自身は見たことがありません。でも、日本には、学者のするむずかしい専門的な話を、市井のふつうの市民の日常的なロジックや語彙で言い換え、わかりやすい喩え話を探し出す、そういう仕事をする人間がいて、そういう人間の書く本を好んで読む読者がいる。」

「エクリチュール」とは、集団の社会的なふるまい方を規定する無意識の縛りであり、ヨーロッパの階層社会を成り立たせている見えない力である。その「エクリチュール」を批判的に分析しているロラン・バルトやブルデューのような人たちでさえ、書かれたものは難解な学術的文体から成っているのだ。

ウチダ先生は、社会はできるだけ高い流動性を維持すべきだ、と思っている。階級は固定化しない方がよいし、階級ごとに読む（読まない）ものが分化されていない、届けられるメッセージが固定していない状況の方がよいと、ぼくも思う。そのような日本的状況は、日本の人口当たりの書店数の多さと整合性があり、書店人としても好ましい。

諸外国に比べ数の多い書店店頭で、ウチダ先生は「本と目が合う」と言う。その「本と目が合う」という出来事にこそ、「宛て先がないと届かない」かつ「宛て先が確定していない方がよい」という二律背反《アンチノミー》を解く鍵がある。

著者には伝えたいことがある、あるいは、書いているうちに伝えたいことが発生する。たいていの場合、それは一人でも多くの人に伝えたいから本にする。だから、当初、定まった宛て先は、ない。

「この「本と目が合う」というのは、いったいどういう出来事なんでしょう。一つは本が発する物質性でしょうね。よい本にはよい本にしかない力がある。作家が気合いを入れて書いて、編集者が気合いを入れて編集して、装丁家が気合いを入れて装丁をして、営業マンが気合いを入れて営業して、書店員が気合いを入れて配架した本は、その本が書棚に並ぶまで経由してきたすべての人の「思い」がこもっている。」

著者が書き上げた時には「宛て先のない手紙」だったコンテンツが、多くの人の手を経て物質性を発する本となり、書店に並べられて、読者と「目が合う」。その時に、あたかも予め決められていたかのように、「宛て先」が発生するのである。発展的、創造的な「誤配」も含めて。

一冊の本の「宛て先」はその本が最初から付与されているものではなく、製作段階、流通段階、書店現場で生まれ育っていくものなのだ。例えばピケティの『21世紀の資本』（みすず書房）は、すぐに何冊もの解説本が周りを固め、書店現場で存在感を漂わせなかったら、あれほど売れなかったと思う。

それゆえ、宛て先（書店）を持たない営業担当者に扱われた本は誰にも届かず、宛て先（読者）を持たない書店は自然と淘汰されていくのである。

（二〇一五年三月）

本を売る自由

二〇一五年四月二四日（金）、時々寄稿しているWEBRONZAの編集者の紹介で、朝日新聞の記者が、シャルリー・エブド襲撃事件とそれについて書かれた『イスラム・ヘイトか、風刺か』（第三書館）の扱いについて取材したいと、わざわざ東京から大阪・難波のぼくを訪ねてくれた。彼女は、二八年前の朝日新聞阪神支局襲撃事件をふまえた特集記事を書いていて、シャルリー・エブド事件にも言及したいのだ、と言った。ぼくが紹介されたのは、中国、韓国や、在日の人たちを標的としたヘイトスピーチやヘイトデモに反対し、出版社の製造者責任（ぼくは書店の販売者責任も含まれると考えている）を考える本『NOヘイト！』（ころから）に共感し、推薦する文章を書いたり、「店長の本気の一押し！」フェアを展開していたからである。

『イスラム・ヘイトか、風刺か』には、「シャルリー・エブド」に載った風刺マンガが、一部ボカシは入れながらも、数多く転載されている。そのため、イスラム過激派の報復を恐れて、在庫しなかったり、丸善ジュンク堂書店の東京の旗艦店を含めて、店頭には並べなかった書店が多かった。社内外からの明確な規制があったわけではなく、我々の会社でも各店判断であったので、ぼくらの店（ジュンク堂書店難波店）では、新刊到着と同時に、店に出した。

なぜか？と問われても、「それが普通だから」と答えるしかない。ぼくたちの第一の仕事は、やって来た本を店の書棚に並べることだ。決して、それらの本の評価や批判をすることではない。

一方、ぼくは、その原則を大上段に構えて、店に出さなかった書店を非難しようとも思わない。

東京駅の真ん前で万が一テロ事件が起こったとしたら大変であり、店長がそれを回避したくなる気持ちは分かる。また池袋の店には事前にイスラム教徒の方が訪れ、「シャルリー・エブド」の風刺マンガがいかに自分たちの信仰を侮辱し、心を傷つけるかを切々と語ったらしい。それを聞いた店長は、テロの危険云々よりも、イスラム教徒の人たちの心情を察して、店頭には並べなかったと聞いている。それも一つの判断であり、高所から批判するつもりは、まったくない。

ただ、全国の書店がテロの危険を回避するためにその本の販売を控えるとすれば、それは余りよろしくない状況であると感じていた。

ある本を店頭に置くか置かないかの選択権は、あくまでそれぞれの書店にある。その本と店長をはじめとする書店スタッフの信条、その書店の規模や立地条件、客層などをつき合わせて答えを出せばよい。だが同時に、その本がどのような本であるのかの吟味と判断も必要である。もしも、『イスラム・ヘイトか、風刺か』が、イスラム教徒の人たちを無用に攻撃する本であると見られたのなら、それは誤解である。薄い本だからちゃんと読んでみればいいと思うのだが、この本は、「シャルリー・エブド」や事件後パリで展開されたデモに参加した人たちが「出版の自由」を金科玉条とすることに反論し、「シャルリー・エブド」をイスラム教に対する「ヘイト本」（実は攻撃対象はイスラムだけではない）として批判している、あえて言えば「イスラム寄り」の本なのである。

確かに、池袋本店を訪問した人たちが言うとおり、この本に転載された「シャルリー・エブド」の風刺マンガは、イスラム教徒たちに多大なる不快感と怒りを誘発するであろう。しかし、テロを恐れて本の展示を見合わせることは、日本在住のイスラム教徒をテロリストに見立てることを意味してしまう。却って失礼であり問題ではないか、とぼくは思うのだ。そして、全国の書店がそうすることで、むしろ「イスラム教徒は怖い」という風評を煽ってしまうことにならないか、と危惧するのだ。ほとんどの日本人は、イスラム教について、何も知らないからである。

大切なのは、知ることだと思う。イスラム教とは、どんな宗教なのか。イスラム教徒が、何を大事にしているのかを。

「シャルリー・エブド」に描かれた風刺マンガは確かにイスラム教徒を傷つけるし、更には日本人の差別感情を増長する危険性もはらむ。それでなくても、異質なものを理解しようとせずに排除しようとする風潮が強まる昨今である。

それでも、そうしたリスクを犯してでも、やはり知ることは大切であり、知ることを保証する場は必要なのだ。それは、イスラム教に間違った理解、偏見を持っている人たちにとってはもちろんのこと、イスラム教に理解を示している人々にあってもそうなのだ。

「たとえば、イスラーム原理主義について、「それは本来のイスラームの教義とは関係がない」などと言われたりするわけだが、そもそも「本来のイスラームの教義」が何であるかを知る日本人はほとんどいない。となれば、日本人は、イスラーム原理主義にからむニュースを、ほんとうはまったく理解していない、ということになる」と言う大澤真幸は、「イスラーム教とは何かということについて何も知らない人にも読んでもらいたい」と、『〈世界史〉の哲学　イスラーム篇』（講談社）を上梓した。イスラムの専門家ではない大澤と同じスタートラインに立ち、大澤の「謎」の発見と「謎解き」に随行しつつ、イスラムについての理解を深められるこの本は、特にこれまでイスラムと接点を持たなかった人々にとって、格好の参考書であると思う。

アメリカ軍の侵攻・空爆後のイラクをはじめ、中東諸国で医療支援を続ける鎌田實医師は、『「イスラム国」よ』（河出書房新社）を次のような問いかけで始めている。

「イスラム国」よ、おまえの狙いは何か。
「イスラム国」よ、おまえたちはなぜこれほどまでに残虐なことをするのか。おまえはどうやって生まれてきたのか。
「イスラム国」よ、どこへ行こうとしているのか。何をしようとしているのか。

「イスラム国」を単なる過激派テロ集団と見ている眼からは、この問いかけは出て来ない。イスラムの人々の間で医療支援を続けながら、喜捨という美しい言葉、習慣を持ち、いつも親切で温かいイスラムの人々と接してきたから、「イスラム教は人に親切にすること、優しくすることを教えている。人を脅かしたり国を乗っ取ったりしろなんて、経典にはありません」というイスラムの人たちの言葉を聞いてきたから、出てくる問いかけである。

大切なのは、まず、知ることである。さまざまなことを知ることの出来る場で、書店はありたい。

（二〇一五年四月）

出版の大衆化

二〇一五年五月一〇日（日）、大阪市を廃止し、五つの特別区に分割する「大阪都構想」の賛否を世に問う住民投票が行われ、反対（五〇・四％）が賛成（四九・六％）をわずかに上回って、橋下徹市長肝煎りの地方行政大改革案は「否決」された。

数字を見ると、まさに「僅差」である。変化を好まない国民性を持つと言われる日本で、一つの改革案に対する住民投票の賛成票と反対票が、ここまで拮抗するとは予想していなかった。橋下善戦と言うべきか？　人々の追いつめられ感は、想像以上に大きいのか？　賛成反対がここまで拮抗しているのなら、大阪都構想をめぐる議論は、終わるべきではなかったはずだ。ところが、翌日の新聞報道は「橋下氏政界引退」一色だった。

小泉純一郎とともに二一世紀の日本政界の「風雲児」と言っても良い人だから、その引退表明に耳目が集まるのは当然であろう。自ら「天下分け目」と見定めた「合戦」で勝てなかったのだから、潔く身を引くのが筋なのかもしれないが、スポーツ選手の引退とはちょっとわけが違うのではないか、とぼくは思った。スポーツ選手が引退を決意した試合の結果は直接的には本人と勝った相手以外の人に大きな影響は与えないが、住民投票の結果は参加した（そして参加しなかった）人全員に影響を与えるのだ。しかも、審判はほぼ五分だった。

逆に、こうなっては、橋下氏がやめようが、誰が後継となろうが、維新の会がどうなっていこうが、それはもうどうでもいい、とさえ言える。報道の優先順位は、「橋下引退」がトップではなかったはずだ。

だが、実際には、「橋下引退」が一面を飾った。読者の耳目を引くからだ。読者の興味関心に訴えることができるからだ。

ぼくは、『批評メディア論　戦間期日本の論壇と文壇』（大澤聡著、岩波書店）の第四章「人物評論」を想起した。

この本で大澤聡は、一九三〇年代日本の、特に批評に照準を合わせて論じている。キーワードは、「出版大衆化」だ。出版史で言えば、少し前に全集の流行があり、それが一九二七年の円本の誕生・隆盛に繋がり、階級を問わず平等に享受が可能になる、との幻想を広く与えた。商業としての出版の隆盛が始まり、商品としての書物が量産された。書物の量産化に伴い、読者の側では「何を読んだらいいか」が、出版社の側では「どう売っていけばいいか」が課題となり、双方の課題を受けて、批評が要請されたのである。

そうした中、「人物批評」も、ひとつのジャンルとして成立してくる。

「時代のキーパーソンを特定し、社会動態における当該人物の位置価を正しく測定したうえで、選択すべき解決策のハイライトを摘記してほしい――まさに「参考書」だ。そうした注文を読者が突きつけてくるのだという。この「虫のいゝ」即俗的な要望はもちろん出版大衆化の進展が招来した。」

「人物批評」は、文芸批評や論壇時評から見れば派生形かもしれないが、出現してきた背景は同じであり、だから役割も良く似ている。特徴的なのは、「キャラ化」である。「キャラ化」なんていう言葉は当時はないだろうけれど、出版やジャーナリズムの大衆化された新しい顧客である大衆は、人物の思想・信条・業績以上に、為人《ひととなり》、奇行、失敗、スキャンダルに関心を持ち、「一事が万事」的な見方をする。そして、類型化・カリカチュア化された分かりやすい批評を好むのだ。似顔絵が、象徴的な役割を果たす。

おそらくその傾向はもっと前からあったのだろうが、特に二一世紀になってからの小泉、安倍、福田以下の首相も、その思想信条よりも、カリカチュア化された性格、癖、生きざまなどが注目され、報道もされた。一九三〇年代と二〇〇〇年代は、似ているのだ。「人物批評」のありさまだけが似ているのではない。

大澤の膨大な資料の渉猟とそれらの丹念な読解＝虫の目に伴走しながら、扱われている一九三〇年代を鳥瞰する鳥の目の照準を七〇年ほど後ろにずらしてみると、そこには大澤が描く一九三〇年代とそっくりな状況がある。

「出版不況」が叫ばれる中、新刊点数はいたずらに伸びていく。七〇年前の「出版大衆化」に代わって、インターネットをはじめとしたＩＴ技術の大衆化がある。情報は再び爆発的に増加し、誰しもアクセスでき、誰しも発信できるという幻想が社会を覆う。匿名の言説がネット上に溢れる。だが実際に影響力のある、有効な発信は、ますます一極集中していく。「スピード化」の昂進は言わずもがな。読者は作品そのもの、現実そのものに向き合わず、手軽な解説書、マニュアル本で間に合わせようとする。「教養主義的圧力」に代わったのは、「認知資本主義的圧力」か。資格本が、書店店頭に山脈をなす。

大澤が描いた一九三〇年代は、出版史としては「出版大衆化」にともなう量産体制が成立した出版隆盛期だが、教科書的な日本史では、軍部の力が益々増強し日中戦争に突入していく昭和ファシズム期である。それは、「出版大衆化」だけではなく、一九二五年普通選挙法公布後、政治もまた「大衆化」した（はずの）時でもあった。

五月一二日（火）、台風接近の中、大阪北区茶屋町の関西学院大学梅田キャンパスで、出版学会関西部会主催で対談した大澤氏とぼくは、不気味な結論に同意していた。

「出版が流行れば流行るほど、それは暗い時代かもしれない」

出版に限らない。政治も「民主的」に見えれば見えるほど、危ういのかもしれない。

ぼくたちは、決して出版の低調を望んだり、民主主義を否定したり揶揄したいわけではない。ただ、出版が盛んである、選挙などが民主的に積極的に行われている（住民投票!?）だけで安心していては、かつての二の舞を踏むということを、肝に銘じたいのである。

（二〇一五年五月）

赦しはどこに――『絶歌』について

『絶歌』（元少年A著、太田出版）を読んだ。

発売と同時に話題となり、かつ批判の十字砲火を浴びた。販売を自粛した書店もあった。販売した書店では、在庫はすぐに払底した。

「売らない」という選択をした書店があった以上、売った書店の人間として、売った理由を答える必要が、少なくとも考えておく必要はあると思った。だから、読んだ。

「酒鬼薔薇事件」と呼ばれた、あの常軌を逸した凄惨な連続児童殺傷事件からもう一八年が経つ。そして、その二年前の、日本全国を震撼させたオウム真理教事件から、はや二〇年の時間が流れた……。

「地下鉄サリン事件」他の実行犯が麻原彰晃らオウム真理教幹部であったことが発覚する

と、日本全国のほとんどの書店が、オウム出版の本を外した。だが、ぼくは外さず販売を続けた。その理由について、次のように書いた（『希望の書店論』第Ⅴ部）。

①「地下鉄サリン事件」がオウムの犯行であることが明るみに出たあとで、「書籍に騙されて」入信する人はいないだろう。だから今こそオウム出版の本は無害になったと言える。

②あのような大事件のあと、識者、学会、ジャーナリズムは、その原因、発生させた状況について検証し、意見を述べる義務がある。その原資料としてオウム出版の本を提供するのが、書店の義務だ。

③すべてのマスコミ、世論がオウム真理教を敵対視し、住む場所さえ奪われた信者たちは、まったくの閉塞状況に陥っていた。唯一の自己主張の場ともいえる出版物の全面的な排除は、彼らを必要以上に追い詰める可能性がある。

麻原ら幹部の逮捕後、オウム出版から本は出ていないから、書かれたのが事件の前か（十何年も）後かの違いはある。一方は、宗教教団という集団による犯行、他方は個人、それも一四歳の少年の犯行である。状況や性格にさまざまな違いはあるが、ぼく個人にとっては、

『絶歌』を棚から外さない理由は、オウム出版の本の場合と通底する。

『絶歌』が、新たな犯罪を誘発する危険がある、という意見がある。しかし、犯罪者が書いた手記は、数多く出版されている。フィクションの世界ではもっと陰惨な描写を含んだ、あるいはそれを売りにした作品も無数にある。映像作品については、言うに及ばずであろう。『絶歌』だけが、販売も、すなわち読者の目に触れることもゆるされるべきでないほど危険であるという読後感を、少なくともぼくは持たなかった。

フィクションと並べて論じるべきものではない、そこには事実が書かれているのだから、と言うのだろうか。少なくともマスコミや評論家から、そのような言葉は聞きたくない。どんな事件に際しても、マイクを突き立て、「まず、事実を正直に話しなさい！」と強く要求してきたのは、あなた方ではなかったか？

その通り、事実にこそ、少なくとも識者と呼ばれる人たちは注目すべきではないのか？一四歳の中学生が、なぜ、そしてどういうプロセスで、あのような事件を起こすに至ってしまったのか？　そのことの解明と、再発防止こそが、専門家の責務ではないだろうか？そして、その作業にとって、本人の手記は、恰好の資料ではないのか？　本人の手になるものであるがゆえに、慎重な扱いは必要だろう。自分自身のことを書くとき、誰でも防衛本能は働く。美化もする。だが、それを掻《か》い潜《くぐ》って真実を見極めることが、専門家の仕事ではないか？　嫌悪感と忌避感情で、なげうってしまうことは許されないと思う。

誤解を恐れずに言えば、『絶歌』を読んでいて、一三～一四歳頃の自分に、思い当たることはある。性に目覚めたとき、人は死に向き合い始める。性と死、どちらも簡単に折り合いをつけることができないものだ。それでも、ぼくたちは、本を読んだり、友と語ったり、独りで思索したりして、なんとか折り合いをつける。誰でも、いつでもそれがうまくいくとは限らない。時には、他者が介入して、助けを与えなければならないこともある。それができない、あるいはそれを回避しようとするのなら、科学や思想は、まったく無力・無益というべきではないか？

「元少年A」は、追い込まれていると思う。十数年かかって手に入れた平穏な生活から再び嵐の中に舞い戻る危険を冒し、自分を支えてくれた多くの人々を裏切り、ようやく築き始めたかもしれない被害者家族との関係を破壊してでも、どうしても手記を出したかったのは、自分自身の内側から追い込まれていたからではないのか？　こうした形で自分自身をある種客観化して見つめ直さない限り身動きもとれない隘路に追いつめられていたからではないか？

「自分の過去と対峙し、切り結び、それを書くことが、僕に残された唯一の自己救済であり、たったひとつの「生きる道」でした。僕にはこの本を書く以外に、もう自分の生を掴み取る手段がありませんでした。」(『絶歌』二九四頁)

『絶歌』の出版そのものを否定することは、さらに外側から彼を出口のない袋小路に追い詰めていくことになり、「元少年A」にとっても、周囲の人間にとっても、社会にとっても、むしろ危険なことではないだろうか。

これまでに、殺人事件の犯人、被疑者の本は何冊も出版されている。最近では、市橋達也の『逮捕されるまで』(幻冬舎)、木嶋佳苗の『礼讃』(KADOKAWA)などがある。「アキハバラ事件」の加藤智大は、『殺人予防』をはじめ、既に四冊の著書を上梓した(いずれも批評社)。過去に遡れば、永山則夫の『無知の涙』(河出文庫)は、現代日本文学の傑作と、評価も高い。

それらの本と較べても、『絶歌』へのバッシングは、ことのほか激しい。何が違うのだろうか？

最大の違いは、「元少年A」が、現在被疑者でも受刑者でもないことである。市橋は無期懲役で服役中、木嶋は死刑判決を受けて裁判係争中、加藤は死刑確定、永山は一九九七年に処刑された。

それに対して、「元少年A」は、事件後、司法の判断で医療少年院に六年五ヶ月入所して退院、保護観察期間も無事に過ごし、二〇〇五年元旦に本退院、その後は何の法的拘束のない一市民として生活している。それがバッシングの最大の動機ではないだろうか？

「あのような犯罪をおかしながら、ぬけぬけと生きていることが許せない。」ネット上には、「死ね！」という書き込みも、ある。

だが、法に照らして下された決定に従い、司法の判断によって拘束を解かれた人間に、生きていくことを許さないのは、「私刑《リンチ》」である。

「一人の男がこれほどの憎しみを見せたのなら、私たちはどれほどに人を愛せるかを示しましょう。」ノルウェイで総計七七名の犠牲者を出した連続テロ事件惨劇の現場にいながら、殺戮を免れた少女が言ったことばである。事件現場を訪れた犯人の母親を、被害者の母親たちは抱きかかえて共に泣いたという（森達也『クラウド　増殖する悪意』dZERO）。

「たとえイスラエル人全員に復讐できたとして、それで娘たちは帰ってくるのだろうか？憎しみは病だ。それは治療と平和を妨げる。」「わたしが言えるのはこれだけだ——死ぬのはわたしの娘たちで最後にしてほしい。この悲劇が世界の目を開かせて欲しい。」イスラエル軍の砲撃によって三人の娘と姪を一瞬にして殺されたパレスチナ人医師イゼルディン・アブエライシュのことばである（『それでも、私は憎まない』亜紀書房）。

これらのことばを知ると、改めて、この国には「赦し」がない、と思う。あったとしても、公然とそれを表明することは憚られる。そうした状況こそが、犯罪の連鎖の温床ではないだろうか？

（二〇一五年六月）

シニシズムとリアリズム

ジュンク堂書店難波店では、二〇一五年七月二四日（金）一九時より、『年報カルチュラルスタディーズ』第三号（航思社）刊行記念トークセッション「戦争に抗えるか？」を開催した。パネリストは、『年報』の編集代表でもある神戸大学准教授の小笠原博毅、関西学院大学教授で「カルチュラル・タイフーン２０１５大阪」の実行委員長を務めた阿部潔のお二人である。

小笠原はまず、「遠い戦場」という距離感の幻想、欺瞞を問題にした。今日の日本における戦争に関する議論において、なぜか戦場はすべて遠いことが暗黙の前提とされている。安保関連法案についての議論においても、自衛隊や徴兵制が取り上げられるが、戦争に直接かかわるのは自衛隊員たちであって、それ以外の国民は安全でいられるという幻想がまかり通っている。だが、山之内靖らの「総力戦研究」が明らかにしているように、近代の戦争＝総力戦において、戦場と銃後の区別はなく、その距離は限りなくゼロに近い。そのことを、すでに七〇年前に日本は経験したはずである。

ところが、今日「集団安全保障」を語るとき、戦場ははるか彼方にあることが「自明」なのだ。それこそ地球の裏側、中近東あたりでしか戦争は起こらないかのようなのである。別の文脈では、北朝鮮の核や、中国の海軍力の脅威がことさらに主張されているにも関わらず。そして、どこで参戦しようと、戦争である以上自国への攻撃は当然ありうるが、その「近さ」は、なぜか棚上げされてしまうのだ。

この、「戦場／銃後」についての根拠のない心理的な距離感が、今多くの日本人を「シニシズム」に陥らせている、と阿部は言う。それは、「現在の情勢下で、圧倒的多数の人間は、そこそこの人生を送れる。今この流れを変えないと自分もどうなってしまうか分からないという状況にリアリティはない」という、実はまったく根拠のない確信に裏打ちされている。

つまり、実際の治安状態は統計的に見ても過去に比べてよくなっているのに「体感治安」が悪くなっているのとちょうど逆の状況、将来は絶望的なのに人々の体感はそれほど悪くないという状況が「シニシズム」を招いている、と小笠原博毅は頷いた。

そして、国内に蔓延する「シニシズム」は、安保関連法案に反対や批判の火の手が上がっても、結局はそれを通してしまっている。反対する側に、何とかこれを通そうとする安倍自民党ほどの切迫感、必死さがないからだ。

安保関連法案は、自民党の悲願であり続けた。たまたま孫が首相になったから岸信介の野望が復活したわけではない。安倍晋三は、「四〇年ぶりの岸信介」ではなく、「四〇年目の岸」なのである。その持続の力に、国民の側は気づいていない。少し前にあれだけ盛り上がった特定秘密保護法への批判も成立してしまうとすっかりと萎んでしまい、マイナンバー制度も今や既存の前提として多方面での対策ばかりが図られている。ちょうど施行一〇年となる個人情報保護法も含めて、これら一連の法制定にはつながりがある。今回の安保関連法制、さらには憲法九条の改定あるいは骨抜きへのプロセスなのだ。その強力で持続的なプロセスに、国民の側のシニシズムは場当たり的な抵抗しか示しえず、なし崩しにされてきたのである。

思えば敗戦後も、戦後復興、高度経済成長の中で「総力戦体制」は持続していた。兵士たちは猛烈サラリーマンへと姿を変え、「会社／家族」の図式が、「戦場／銃後」の図式になり替わった。「総力戦体制」の持続は、そのことに気づかずそれを支え続けてきた国民を麻痺させ、再び支配層のミスリードに従わせるのであろうか？

「戦場／銃後」の距離感が心理的なものであるに過ぎないことは、いわゆる「ヘイト本」や「ヘイトスピーチ」が、隣国の韓国や中国を嫌悪や攻撃の対象としていることからも、よくわかる。相手国の侵略的野望を言挙げする言説も多く含まれているのにかかわらず（あるいはそれゆえに一層）、近隣国を侮蔑し、挑発する発言と行動は、よほど日本の防衛力に自信を持っているのか、自分の運の良さを信じているのか、いずれかでしかありえない。しかしそのどちらも根拠は薄弱としか思えないから、やはり「シニシズム」のなせるわざというべきであろう。

『NOヘイト！』の第二弾である『さらば、ヘイト本！』（ころから）でも書かれているように、ここに来てヘイト本の勢いは少し弱まってきた。一昨年や昨年のように次から次へと出版され書店の新刊棚を埋め尽くすようなことはなくなった。だが、目にする機会が減ったものが、現実に少なくなったとは限らない。

『さらば、ヘイト本！』の刊行を機に年末年始のフェア以来復活させた「反ヘイト本・ヘイトスピーチ」のコーナーを、朝日新聞が七月八日（水）夕刊一面で大きく取り上げてくれた。それを見た東亜日報が七月二二日（水）に電話取材、翌二三日にインタビュー記事を本紙掲載並びにデジタル版にアップ。二三日午後に「読んだか？」という電話が店にあったのを皮切りに、他の店や営業本部などにも、いくつかクレームの電話やメールが入った。

ネットを検索して、東亜日報の記事を見つけた。いくつか記者の筆が思い込みのために滑ったと思われる部分（以前に受けたクレームの主を「右翼」と言った覚えはない。ぼくは一水会の鈴木邦男氏は尊敬しているし、「右翼」を十把一絡げに批判することはしない。また、中韓関係の刊行物の八〜九割が嫌韓・嫌中本と言ったとあるが、精査したわけではないので数字を明言したりはしていない）はあるが、おおむね話した通りのことが記事にされていた。

翌日かかってきた電話では、ぼくが勤める店がソウルの教保文庫の四〇％の大きさであるという部分を指摘され、「あいつらはそんな風に自分達のことを自慢したいのだ。そんなことに利用されるのだから、余計な取材に答えたりするな！」と叱責された。「そこ？」と思った。はっきり言って、ポイントがずれている。

面白いのは、朝日新聞の夕刊一面よりも東亜日報の記事の方が反応が早かったことだ。彼らは、朝日新聞は読まないが、東亜日報は読んでいるのだ。もちろん愛読しているわけではなく、ウォッチャー（監視者）がいて、何かあればニュースがネット空間に拡がっていくのだろう。

彼らが、今なお隣国への嫌悪・憎悪を持ち続ける人々が、どれくらいいるのかはわからない。だが、見えなくとも存在することは確かだ。同種の思いを心の中にひそませている人々のことは、もっと見えない。

表層部分での変化の速さが、すなわち忘却の速さが、持続的なものをますます見えなくする。あれだけ批判の十字砲火が浴びせられた『絶歌』（太田出版）についても、言いっ放しの「議論」は、早くもいつのまにかどこかへ行ってしまった感がある。やしきたかじんの最期をめぐって議論が沸騰した『殉愛』（幻冬舎）騒動も、まだ半年余りしか経たない今、すっかり鎮火した気配だ。店頭での『絶歌』の「瞬殺的な」売れ方は、『殉愛』のそれに、本当によく似ていた。

見えていないもの、特に意図的に隠されている持続的なものを見えるようにすること、それは、シニシズムを再びリアリズムに引き戻すために必要な作業であると思う。出版とはそうした掘り起こしの作業ではないだろうか。そして、書店とは、まさに社会を「見える化」すべき空間ではないか。そう思いながら、一〇年前のベストセラー『見える化　強い企業をつくる「見える」仕組み』（遠藤功著、東洋経済新報社）を読み始めた。

（二〇一五年七月）

補遺

現代は、「コミュニケーション」の時代である。

ぼくたちは、いつどこででも、「コミュニケーション」を強いられ、「コミュニケーション力」を問われる。身近どころか身体に装着されようとしているIT機器は、ぼくたちにただ素早い応答のみを迫る。熟慮は想定外で、沈思黙考は裏切りである。常に「コミュニケーション」が前提とされる強迫的状況は、実はコミュニケーションの可能性の芽を、摘んでいる。

最初からコミュニケートできる本に、おそらく読む価値はない。どこかよそよそしい本のページをめくるときにこそ、実りある読書が始まる。一読後、すぐに理解できる必要はない。本は読者の体内深く、沈潜・蓄積する。そしてある時、出来事や他の本との遭遇が触媒となって、閃光が生じる。

時に、そこにあることさえ不快な本が、ぼくたちを鍛える。

見せたくないもの、隠れているものを「見える」ようにする、相手の意思にかかわらず、事実や問題が「目に飛び込んでくる」状態をつくり出す、これが真の「見える化」である。

「見える化」とは「見せる化」であり、「見せよう」という意思と知恵がなければ、実現できない（遠藤功『見える化』）。

何かを訴えたい、伝えたい著者の思いが結晶した本が、読者の心に侵襲する。読者の心は、時にそれに抗いながら、変容し、応答していく。それが真のコミュニケーションである。

ぼくは書店人として、「見せる」ための意思と知恵と勇気を持つことを希う。そして、憲法二一条の「出版の自由」を思う。


（『図書』二〇一五年九月）

コミュニケーションを駆動させるもの

二〇一五年七月三日（金）、河原町御池の京都ホテルオークラで行われた第三回河合隼雄物語賞・学芸賞授賞式に列席した。学芸賞を受賞された大澤真幸さんが、ぼくを招待してくださったのである（物語賞受賞は、中島京子さんの『かたづの！』集英社）。

受賞作は、大澤さんの『自由という牢獄』（岩波書店）。自由が拡大すればするほど、社会は閉塞感に包まれ、束縛から解放されればされるほど、多くの選択肢を前に人間は選ぶことができなくなる。逆説的でありながら、極めてリアルな、大澤社会学の魅力が詰まった本である。大澤さん自身、「『自由という牢獄』は、ぼくにとっても特に重要な論文を収録しましたので、ぜひ、多くの読者に届いて欲しい、と思っております」と仰っておられ、ぼくもまた、本書にようやく収録された「公共性の条件」がおよそ一〇年前に『思想』に連載された時、すぐに単行本化すべきだと岩波書店の人に迫ったほど惚れ込んだことを思い出す。

相応しい本が、相応しい賞を受けたことを祝福したいと、喜んで京都に出かけた。

授賞式が始まり、講評を担当した選考委員の一人中沢新一さんが、「私は社会学が嫌いです。社会学は、コミュニケーションですべてを説明しようとするからです」と、切り出した。社会学者である大澤さんの授賞式での講評としては、いささか異例である。

だが、中沢さんは、「大澤社会学」が、ご自身が嫌いな通常の社会学の枠を大きくはみ出していることを認めて言っているのだ。確かに大澤さんの思索と著作は、社会学というにはあまりにもスケールが大きい。コミュニケーションを自明な単位として前提しているわけでもなく、コミュニケーションが成立する根源にまで深く踏み入っていく。中沢さんも、大澤さんの仕事を大いに讃えた。

ともあれ、中沢さんのその一言は、ぼくの胸に響いた。中沢さんが専門とする人類学と社会学は、対象とする領域も方法も、素人目にはかなり重なるように見える。だがもし、社会学と人類学で「コミュニケーション」の持つ意味に重要な違いがあるとすれば、（一概にそうとも言い切れないにしても）「近代」を対象とすることの多い社会学と、時代区分を超えて人類を、しばしば「未開」と呼ばれる民族をモデルとしながら扱う人類学の領域や性格の違いが、より明確になるような気がしたのである。言いかえれば、（これも荒っぽい言い方ではあるが）「コミュニケーション」が近代の産物であり、時代を下るにつれ、その重要度がますます自明なものとされてきたように思われるのだ。

例えば、IT技術にしても、知の集積や知的協働から、「コミュニケーション」へと、用途の中心がシフトしてはいないか（SNS）？　それがビジネスにとって合理的であることは充分に理解できるが、それだけではなく、人類全体が「コミュニケーション」というオブセッションに、引きずられているように感じるのだ。

労働者は職場で常に「コミュニケーション」を言われ、就活学生はひたすら「コミュニケーション力」を問われる。その要求は、教育現場へも遡及していくだろう。だが、予め前提とされる「コミュニケーション」は、どこかニセモノ臭い。ニセモノだから、攻撃的になる。イジメは、その結果ではないか。

身近になる、を通り過ぎて今や身体に装着されようとしているIT機器は、常にぼくたちに素早い応答を迫る。熟慮は想定外で、沈思黙考は裏切りである。いつしか、人には脊髄反射的な行動しか許されなくなりそうな勢いだ。

真のコミュニケーションは、それほど素早く応答できない、強烈なメッセージから始まるのではないだろうか？　言葉を失うほどのショックを受け、そして何とかそれに応えはじめることができたときこそ、真にコミュニケートできた、というべきではあるまいか？

同様に、わかりやすくすぐに読み通せる本ではなく、どこかよそよそしい本のページをめくるときにこそ、実りある読書が始まるのだ。すぐに理解できなくとも、その本は読者の体内深く、沈潜・蓄積する。そしてある時、出来事や他の本との遭遇が触媒となって、閃光が生じるのである。時に、そこにあることさえ不快な本が、ぼくたちを鍛える。

誤解を恐れずに言えば、より多くの読者の理解と共感をできるかぎり速やかに得る本がベター、ではないのだ。そのような本は、読者に何ら新しいものを埋め込まず、存在価値をアピール出来ずに消えていくことが多い。近年、出版社はそのような本をつくることを第一義とはしてこなかったか？　書店は、そのような本を出版社に望み、「足の速い」本を初速に合わせて大量に仕入れることのみを、仕事としてこなかったか？　だとすれば、出版・書店業界の凋落の真の原因はそこにある。数年、中には数ヶ月で市場から消えていく書籍の自転車操業的な量産で何とか凌ごうとしたことが、ますます業界全体を疲弊させてしまったのではないだろうか？

その影響は業界内に留まらない。そのような出版や出版流通の傾向は、世の人々が、様々な問題に持続的な関心を持たないことの責任の一端を背負っているのではないか？『絶歌』（太田出版）出版をめぐる、異常とも言えるバッシングを伴った議論はどうなったのか？　湯川さんと後藤さんが殺害されて約半年、今でも人々は「イスラム国」のことを気にかけているだろうか？　安保法制の以前に、特定秘密保護法があり、さらに遡れば個人情報保護法についても公人の情報開示拒否の可能性からジャーナリズムを中心に強い反対運動があったことを覚えている人はどれくらいいるだろう？　反原発は……？

問題はまったく解決していないし、消えてもいない。消えたのは関心である。見えなくなってしまった問題を「見える化」し、去ってしまった関心を呼び戻す、強烈なメッセージを持った書物を提供すること、それこそが出版‐書店業界の責務であり、生きる道だと思う。その時、真のコミュニケーションが、始まるのである。

（二〇一五年八月）

本の生命

二〇一五年九月一五日（火）、名古屋のシマウマ書房の鈴木創さんと、はじめてお会いした。鈴木さんはフリーライターの石橋毅史さんと共に来阪、大阪堂島の書店「本は人生のおやつです」で開催された、店主坂上《さかうえ》友紀さんと鈴木さん、石橋さんによる鼎談「本おやで「本屋」を語るの会」に、ぼくも参加したのだ。

鈴木さんと坂上さんは、石橋さんの『「本屋」は死なない』（新潮社）の第八章に登場する。第二章で紹介していただいたぼくと著者である石橋さん、『「本屋」は死なない』の登場人物四人がひとつ所に集まる。そんな状況も面白いかもしれないと思っていた。

鼎談では、鈴木さんが「シマウマ書房」を、坂上さんが「本は人生のおやつです」をどのような思いで始め、それぞれの一〇年間、五年間がどのように推移し、今その思いがどう変化してきたかが語られた。話は途切れることなく、一時間の予定が、あっという間に二時間が過ぎた。閉会後、三人は司会役を決めなかったことを反省していたが、さまざまなエピソードに彩られた内容はとても興味深く、ぼくには学ぶところが多かった。

何よりも教えられたのは、そして今のぼくたちに最も欠けていると思い知らされたのは、「本屋は人だ」ということである。その「人」とは決して売り手側の「人」だけを言うのではない。訪れて下さるお客様を含めた、その本屋にいる人である。

坂上さんは、自分が本当にいいと思った本を売りたいと思って、勤めていた書店を退職後に「本は人生のおやつです」を始めた。当初は小さな新刊書店のつもりだったが、その方針は二、三ヶ月で変わる。取次の口座開設のための障壁が高かったということもあるが、それ以上に、訪れてくださる本好きの方々と話すうちに、古本を扱う意味を見いだしたからだ。といっても、古書専門になったわけではない。「これぞ」と思う本があれば、出版社に直接電話して直取引で仕入れ、販売する。通常個々の書店との直取引には応じない大手版元も彼女の情熱に押され、直取引で送本してくれたという。「本おや」の書棚には新刊書と古本が区別なく並び、独特の空間を形成している。

「独特の空間」といえるのは、そこに「本おや」ならではの秩序と嗜好がまぎれもなく存在するからだ。それは、坂上さんの志向によってのみ成立したものではない。誰かが売ってくれない限り、古本は店内には並ばない。訪れたお客様が、「この棚なら、ぜひこの本を置いておくべきだ」と自らの蔵書を売ってくれるのだ。その結果、知らず知らずのうちに、棚にストーリーが生まれる。気がつくと新刊古本の在庫比は七：三から三：七に逆転していた。

テーマを決めて古本市をやると、必ず誰かお客様がそのテーマに沿った本を売りに来てくれ、それが売れると「じゃあ、次はこれ」という風に続いていくのだそうだ。考えてみれば、そのお客様自身が自分の関心に従って読み続けた本の一塊が自宅にあるのだから、その本をまた他の誰かが読んでくれることを喜び、楽しんでくれるお客様があれば、自然とそうなる。文字通り、「客が本屋をつくっている」のである。

本屋とはそこに来てくださる人とのつながりだ、坂上さんは確信に満ちた顔でそう言った。「本ちゃうねん、人やねん」と。

シマウマ書房の鈴木さんは、「今、上の世代の人で蔵書を手放す方が多い」と言う。たくさんの本を買い読んだ団塊の世代が、自ら本を整理し、あるいは亡くなった結果であろう。柴野京子は『書棚と平台　出版流通というメディア』（弘文堂）で、家の書棚がその家に住む人の思想と人生を何よりも現している、と書いた。古本屋にまるまる運び込まれた「書棚」は、元の持ち主の思考の文脈を形作っている。何年も、何十年もがかけられた「アソートメント」（流通過程で意識的に行われる財の組み合わせ）である。本は、書店で誰かに買われた後でも、ずっと後でも、なお生命を持って流通するのだ。

鈴木さんは、「読者が読むタイミングというものがある。それは人それぞれに違う。そのタイミングが新刊期間三ヶ月の間にやって来るとは限らない」と言う。ぼくも、それは分かっているつもりだった。新刊書店でも、「出会った時が新刊」というキャッチフレーズで、既刊書を大事に並べ、コツコツ販売する。しかし、鈴木さんの言う「読者の読むタイミング」が訪れる時間は、もっと長い。何十年も前に絶版になった本と読者の出会いのタイミングが、古本屋にはある。

本を読者に提供するという仕事において、書店と図書館は共存、共闘しなければならないと言い続けてきたぼくの視界がさらに開けた。そこに古本屋を入れる視点を欠いていたことを恥じた。本の生命は、ぼくらが想像する以上にもっとしぶとく、長い。

新刊書店には新刊書店に流れる時間が、図書館には図書館に流れる時間が、古本屋には古本屋に流れる時間がある。新刊と古書をいっしょくたに売っているネット書店には、時間がない。ならば、恐ろしく巨大で強大なネット書店（もちろん、アマゾンのことである）に対抗しようとするとき、新刊書店は、隣接するそれぞれの業態が持っている時間を、もっと大切にすべきではないだろうか？　愛すべき本たちが、それぞれの業態の時間を超えて自由に流通することへの想像力を、もっと持つべきではないか？

それは即ち、新刊書店は「今」を大切にする、ということである。「今」を映し出し、「今」を変えて未来を創り出す本をどんどん提供する。名著の復刊、オンデマンド出版に価値を見いださないわけではないけれど、それはあくまで二次的、付随的な仕事だ。過去の名著の提供、流通は、基本的にはそれを仕事とする図書館や古本屋に任せてもよい。出版社には過去の遺産に寄りかかることではなく、「今」を見つめ、「今」を乗り越えて未来を拓く本を創り出すことを求めなければならない。そうした本を広く読者に提供し、利益を出版社に還流させることによってまた新たにつくられる新刊本が、図書館の蔵書となり、将来は古本屋市場を作る。そうして、本たちが自由に流通し、読者との出会いが生まれる。

本が読者を得ること、読者が本と出会うこと、それは今も変わらず、否、今こそ必要なことなのだ。「本おや」での鼎談を聞いた三日後、「安保法案」可決の報に触れたぼくは、改めてそう思った。

（二〇一五年九月）

書店に生活提案は可能か1

二〇一五年一一月一三日（金）、グランフロント大阪で開催された「BOOK EXPO 2015 秋の陣」のイベント企画「明日につなげる書店人トーク」に登壇した。他の登壇者は、梅田蔦屋書店店長亀井亮吾氏、井戸書店代表取締役森忠延氏、司会は文化通信社常務取締役星野渉氏である。

各々簡単な自己紹介をしたあと、星野さんが投げた最初の質問は、「梅田蔦屋書店ってどうなの？」であった。「登壇者の一人の店を最初から直接のターゲットにするのは異例かもしれないが、今年の大阪でのもっともトピカルな話題であるので」と星野さんは付け加えた。

事前に告げられていたこの質問に備えて、ぼくは『TSUTAYAの謎　増田宗昭に川島蓉子が聞く』（日経BP社）を読んでいた。実際に店を訪れた感想と、増田宗昭社長の理念、戦略を絡めて、率直に感想を述べようとしたのだ。そのことは間違いではなかったと思う。時折いささか意地悪な突っ込みも交えて投げかけた質問への亀井店長の答えは、ほぼ増田社長の考えと重なっていたからだ。

ぼくはまず、オープン後まもなく梅田蔦屋書店を訪れて、その独特の書店空間づくりに大変刺激を受けたことを言った。店のつくり方に賛否は分かれるし、後述するとおりぼくにも思うところはあるのだが、いくつもの喫茶、座読用スペースからクロークや靴磨きコーナーまで設けた書店空間は、ユニークであることに間違いはない。そしてこの空間づくりに、増田社長の強い意志が反映していることも、明らかである。

増田社長は、今日の（リアル）書店の衰退の最大の原因を、ネット書店の台頭に見る。その認識は間違っていないと思うし、（リアル）書店の存続のために、ネットにはできないことを目指すという方向性にも、賛同する。それは言い換えれば、「本をわざわざ買いに行きたくなる」場所であり続けることであり、そのために最も大切にしてきたのが徹底してお客さんの視点＝顧客視点を持ち続けることだという姿勢にも、共感する。そうした認識と姿勢、戦略から増田社長がたどり着いたコンセプトが、「生活提案」である。

戦後のモノ不足の時には、モノの生産そのものが、高度成長期やバブル期にはモノを売るプラットフォームが求められた。それに対応して現れたのがコンビニエンスストアであり、ショッピングモール、楽天などのインターネット市場だった。音楽、映像、出版物をコンテンツの容れものとして一つにくくり消費者に提供するTSUTAYAも、この時代に生まれた。そして、モノが行きわたった今日、さらに商品を売って利益を得るために必要なのは、「生活提案」である。そして、本こそ「生活提案」の塊である。「雑誌でも書籍でも、人が人に何かを伝えようとして、言い換えれば、何かを提案しようとして作ったもの」だからだ。そうした認識のもと、代官山を皮切りに、蔦屋書店が登場した。

そこには、日々の応対の中で、客に有効、適切な提案をすることの出来る店員の存在が不可欠である。ジャンルごとに配される、知識・経験豊富で提案型の書店員は、コンシェルジュと呼ばれる。

だが、ぼくは、書店のコンシェルジュは、原理的にあり得ない、と思っている。多くの場合、買い求められる書物については、間違いなく書い手である読者の方が売り手である書店員よりも詳しいからだ。ぼくたち書店員に精一杯できるのは、顧客の背中を見ながら、その姿が見えなくならないように辛うじて後を追うことだけである。

確かに、ジャンルによっては、場合によってはさらに絞られた分野で、コンシェルジュ的な働きをできる書店員は存在するだろう。児童書や推理小説の専門店は誕生しえたし、「時代小説なら任せて」という人もいる。だが、それは例外的で、まして、人文書、社会科学書、理工書、医学書、芸術書、そして実用書も含めて、通常一人の書店員が担当する一ジャンルの範囲をカバーできる人はいないのではないだろうか？　顧客の背中を追うことがぼくたちにせいぜいできることであるならば、大切なのは、増田社長自身が言われているように、徹底してお客さんの視点＝顧客視点を持ち続けること、徹底的に訪れてくださった読者を見るということであり、客に聞くということではないか？（ただし、ぼくは増田社長ほどには、ビッグデータの有効性を信じてはいない。ぼくたちの顧客は、いつも個々の読者だからだ。）

さらに言えば、「生活提案」という理念そのものについても、書店におけるその具体的な展開をイメージするときに、疑問が残る。本が「生活提案の塊」ならば、注力すべきは、多様で魅力的な本を展示紹介することであり、書店を「まるごとカフェにする」ことではないのではないだろうか？

確かに、購書空間が本を探し、吟味するために快適なものであることは大切である。だがそれはあらゆる商業空間に共通の課題であり、「生活提案」という理念ゆえではない。本を購入したあと、居心地のよいカフェで美味しい飲み物を飲みながら新しい本を繙くのは至福の時間だが、それは読者一人一人の嗜好に任せるべきことで、ことさら書店が「提案」することではない。至福の時間が流れるのは、あくまでも本の内容によるのだ。周囲のことなど全く意識に上らないほどに読み耽り、没入する本を提供することこそ、出版＝書店業界の役割である。

もっと言えば、本の「底力」から見ると、「生活提案」というのは、むしろ少し緩すぎる表現なのかもしれない。本には、時に読者の思考や生き様そのものを更《か》えてしまう力があるからだ。

その意味では、梅田蔦屋書店の品揃えは、ぼくには物足りない。売上シェアは決して高くはなく、ニッチといってもよいかもしれない人文書の棚には、質量ともに主張がないからだ。

もちろん、そのことに合理性はある。ジュンク堂の売上構成比を見ても、実用書、ビジネス書の率は高い。しかも、それらのジャンルは、誰もが今すぐ実行できる「生活提案」に満ちている。蔦屋書店で実用書、ビジネス書ジャンルが圧倒的な存在感を持つのは、当然かもしれない。だが、誰でも今すぐ実行できることには、読者や読者を包む状況を、決定的に更《か》える力はない。

一方、人文書の本質は、世界のありようそのもののオルタナティブの提示である。究極の提案である。カフェスペースなど読書環境の「充実」のために、そうした究極の提案が切り捨てられているとしたら、少なくとも、更《か》える力はその空間には感じられず、ぼくは魅力を感じない。そして、それが販売シェアの精査の結果であるとしたら、やはりデータは、現状肯定を前提とした戦略しか産み出さなかったと思うのである。

ピケティの大著を待つまでもなく、現代世界の最大の問題は、拡がり続ける格差である。いみじくも、増田社長は『TSUTAYAの謎』の中で、最初に就職した鈴屋の社長の遊びっぷりのゴージャスさに驚き、「ライフスタイルって、究めたらもっともっと上があるんだって思った」と語っている。梅田蔦屋書店の「靴磨き」コーナーにおける靴を磨く人と磨かれる人の非対称な風景こそ、格差の象徴であった。

（二〇一五年一一月）

書店に生活提案は可能か2

「蔦屋さんのやっていることは、うちのやっていることと似ているところがある」と、神戸市須磨区、山陽電鉄板宿駅の駅前に二五坪の店を構える井戸書店の森社長は、言われた。

二五坪の店では、全部の本を揃えるなんてことは絶対にできないので、「うちの店の客は誰や？」というところから、そして「社会には、いまこんな本が足らんやろな」というところから品揃えをしている、という。二〇年前、阪神淡路大震災の一週間後に店を開けたとき、来てくださったお客様は、みんな被災者だった、その被災者のために品揃えをしようとした経験が最初にあり、そのやり方の延長でずっと店を運営してきた。

「蔦屋さんも、やりたい放題やってもらって、新しい切り口をつくってもらったらいい。」

大阪・梅田に出す店を任されることが決まった時、蔦屋の亀井店長がまずやったことは、開店予定地の市場調査であった。「どんな人が来るのか？」を一番大事にしたいと、三ヶ月間、大阪駅の付近に張り付いて、一日中カチカチやった。大阪駅周辺五〇〇メートル圏内の昼間人口（八万人）は夜間人口（二千人）の四〇倍。大阪駅へは、近畿エリア全体から、ビジネスパースン、クリエイター、サービスに従事する人たちが通勤してくることがわかり、そういう人たちに対して、新しいことは何なのかを伝えて、働き方の提案をしていくことを第一の目標として、店をつくったと言う。

司会の星野さんは、井戸書店のような地域密着型の小規模店は、大型店と比べて特にお客様との関係が空間的にも近く、時間的にも長いのだと思うが、日ごろお客様とはどのような接し方、付き合い方をしているのですか、と訊ねた。

森　特別なことは何もしていないが……。ぼくが井戸書店の人間だということを知っているひとがやたら多いので、商店街を歩いていてもみんな頭を下げてくれる。お店の人間としてではなく、地域の人間として話しているから、「なにか、困っていることはないのかな?」ということは、気いつけてます。困っていることがあるんやったら、その解決の棚をつくる。

星野　それは、結構お店から出ていっていらっしゃる、地域の活動に出ていっていらっしゃるということもある?

森　PTAは、小学校から高校までやり、商店街の役員もやっています。

一〇月の上旬に井戸書店をお訪ねしたとき、ぼくが最初に感じたのは、「所狭し」とつけられているPOPが、どうして嫌じゃないのだろう、ということだった。ぼくはもともとPOPが好きではない。商品の一部を隠してしまうからだ。だが、井戸書店のPOPは、むしろうるさいからこそ気にならなかった。「これだ！」という風に言い切っている。入店してすぐの平台に大きなPOPとともに積み上げられていたのはSEALDs関係の本だったと思うが、はっきり「これだ！」と、ある種のリスクを省みずに言い切っているから、反応が返ってくるのだろうな、とぼくは思った。POPをつけさえすればいいだろうという風潮は嫌いで、そういうPOPは大抵邪魔なだけだが、担当者や編集者や著者が、本気で書いたPOPはいい。井戸書店のPOPがこんなに物理的に邪魔になっているのに邪魔に感じないのは、主張がはっきりしているからだ。

今では少なくなってしまった公設市場の魚屋さんを思い出した。その日の昼網であがった魚を店の正面に置いて客に薦める。もちろん網羅性はないけれど、魚も店もすごく生き生きしている。

大型書店においても、今、どういう本が出てきているのか、どの本が活きがいいのかをもっとアピールしていかなければいけない。そのためには、出版社にも、もっともっと冒険していただきたい。毎朝到着する大量の新刊の山の中に、時折、なぜか光輝く、引き付ける本、目立つ本、「あれっ!?」と思う本がある。そういう本が多いときは楽しいし、ないときは寂しい。井戸書店は、そんなことを思い出させてくれる書店だった。

森　新鮮かどうかは分からないが……。本を読みたいという思いは、足りないものを求めるから生まれ、本を読みたいと思う人たちは、社会で問題になっている、自分の感情の中で反対のものを求めていると思う。例えば、今モノが溢れかえっているから、「断捨離」「捨てる」「収納」「ミニマリスト」といった、モノが溢れている状況の対極を言う本が出てきて、読まれている。世の中の今の姿と反対のものが。禅とかタオとかにつながる。昔の本でも十分意味がある。

亀井　私も先日お伺いしたが、井戸書店さんはぼくたちが目指している棚をつくられている。ストーリー性があり、この棚で何を伝えたいのかが、イメージできる棚がそこにあった。読んでほしい本が並んでいる。ベストセラーではなく選ばれている本という感じがした。我々のコンシェルジュもそれを目指している。お客様が何を求めているのかをちゃんと売り場の中に反映していくことが大事と改めて思わされた。
森　阪神淡路大震災以来やって来たこの方法をやりつづけることしかないし、違うことはようせん。したいと思ったこともない。最初、文庫であろうと新書であろうと単行本であろうといっしょくたにしたときに、あるお客さんに「こんなわかりにくいこと、せんといてくれ」と言われた。「どんなことがわかりやすいんですか？」と訊くと「出版社別に、判型別に並べてくれた方がわかりやすい」と。今までの書店のあり方で教育されたお客さんだった。「すみません、うちはそんなやり方はやめました。だから、わかりやすいところに行ってください」と言わざるを得ない。
星野　経営的なことはどうですか？　最近、客数が減ってきていると言われる。お客さんが変わったのか？　店が古くなったのか？　それに対する展望、改善案などあれば。
森　読まない人が多すぎるから、こうなっていると思う。確かに、電車に乗ったら、ええおっさんが、スマホゲームをやってる。「あほちゃうか」と思うけど、これが現実。今、日本人がノーベル賞取ってるけど、二、三〇年先はないのではないか。やっぱり、教養がある専門家が取れる人になってるのじゃないか。「本は読まな損」というくらいのことを業界の人間全員で、言わないと。図書館で借りてるから本が売れないというけど、それが現実かもしれへんけど、読む人が一人でも増えたらええんちゃうんかな、と思う。

押し付けがましさが重要なのだ。「スマホばっかりするな」と言うと、「大きなお世話だ！」と言われるのが落ちだろう。「大きなお世話」と言われながら、それを言い続けること、あるいは商品を薦め続けることが大切なのだ。

テーマを決めてフェアをしたりすると、そのテーマにたいして反対する人からお叱りを受けたりするが、それはむしろそのフェアの誉れと思っているので、クレームを歓迎したい気持ちさえ、ぼくにはある。まずこちらからボールを投げないと返ってこない。返ってくるのはマイナス評価かもしれないが、どうもマイナス評価を怖がるあまり、プラスの評価を産み出そうとする試みも控えられている感がある。

誰しも、自分の立ち位置はどこかに定めなくてはならない。いつも真ん中にいるのは無理だし、その必要もないし、無責任と言うべきだ。もっともっと書店が主張していってもいい。小さな店だったら、店に入ってすぐのところからそれをできるというメリットがある。大きな店では、それをあちこちで多発的にやることも大事である。

現代は「コミュニケーションの時代」と言われる。だが、その時、大抵は、互いにプラス評価の、軋轢のないコミュニケーションを言っている。本当のコミュニケーションは、「闘い」なのだ。かなり一方的な意見を出さないと、本当のコミュニケーションは起こらないように思う。それを、ぼくは、森さんの店に行ったときに、強く感じた。本当のコミュニケーションには、時に相手を傷つけるほどの強い提案力が必要だ、と思った。

一方、大型店には別の役割もある。一〇月三一日夜から一一月一日朝にかけて、千日前店で「ジュンク堂に泊まろう」というイベントが開催された時のことである。参加者は最後に本を三冊買うことを求められていたのだが、参加した二〇歳の女性二人連れの一人が、松下幸之助の本を一冊買っていた。報道していたテレビ局の「なぜこれを買ったのですか？」という問いに対して、彼女は、「朝までずっと本屋さんにいることによって、初めてこんな本があることを知りました」と答えた。網羅性も、また大事なのだ。

最近増えているカフェ付きの書店や、雑貨を書店で売ることについてどう思うか、という星野さんの問いに対して、森さんはこう言った。

「うちなんか小さいからカフェなんかでけへんし、隣は喫茶店やし、こっちが喫茶のことを知っててやるんやったらええけど、ただ機械持ってきてやるだけでは向こうには負けると思うし、心の中で、「お前ほんなら、本屋として一人前なんか？」と問いかけるわけです。

二〇年やそこらで一人前やないやろし、知らん本のこと矢鱈あるのに、これは無理や、やめとこ、と。まだ本のことを積み重ねるほうがええんちゃうかな、と思う。」

ぼくの「書店人のこころ」を大いに鼓舞し、胸に響くことばだった。


（二〇一五年一二月）

パッケージこそが商品だ

二〇一六年一月一四日（木）、アサダワタルさんが難波店を訪れてくれた。アサダさんは、一昨年の年末に『コミュニティ難民のススメ』（木楽舎）という本を上梓し、すっかりぼくを魅了してしまった書き手である。

彼は、二つの相談を持ってきた。

一つは、彼が昨年一一月に『表現のたね』（モ＊クシュラ）という書籍を上梓し、それと関連する音楽ＣＤを制作したのだが、それを本と一緒に書店で売ってもらうにはどうしたらよいだろうか、というものだった。書籍の方はツバメ出版流通株式会社を通して、全国の書店に並べられ、ＣＤの方は、株式会社ブリッジを通じてＣＤショップに流れている。その二つの商品は深く関連しあっているので、ほんとうは是非一緒に並べて販売してほしいのだが、物流の系統が全く違うので通常の方法ではそれが叶わない、というのがアサダさんの「悩みのたね」だった。

書店で、取次ルートに乗っていない商品を、直取引などの方法で販売することは可能だ。アサダさんは、直取引は個人でやっている小さな店に個別に頼み込めばなんとかなりそうだが、チェーン店では難しいと思っているようだったが、決してそういう訳ではない。丸善ジュンク堂や紀伊國屋書店などナショナルチェーンでも、直取引は数多くある。取次ルートで仕入れるよりは手間はかかるが、棚の活性化、他店との差別化のためには、そうした仕入も積極的にやっていかなければならない。

ただし、一軒ごとに、また一件ごとに取引開始時の取り決めをしなくてはならないのは、双方ともに煩雑であることには違いない。取次口座を持つ出版社に発売元になってもらい、ＩＳＢＮをつけることが出来れば、いちいち面倒な手続をしなくとも、全国の書店に卸すことができる。日本の出版販売網は、そういう意味では今なおすぐれたものであると言える。

実際、ＩＳＢＮや雑誌コードをつけることによって、全国の書店でブランドバッグも鍋も枕も、組み立て式のロボットや3Dプリンターも売られている。TSUTAYAの増田宗昭社長は、「本は生活提案の塊である」と言うが、主語と述語を逆にして、「買い手に生活提案をする商品はすべて本である」と言えるのかもしれない。

むしろぼくたちが望むのは、書店の什器（＝書棚）に収まりの良い形態である。新刊、新譜時、あるいはイベント絡みやフェアで、ある程度のボリュームを持って面陳列する時には気にならないが、棚に差して長く売ろうと思うと、CDケースだけでは背表紙も見づらく、本の間に埋もれてしまう。やはり、書棚に合うのは、書物並みの大きさ、厚みを持つ商品だ。最近では小学館や宝島社が、本の大きさの紙箱に入れて、クラシック音楽CDを書店で販売している。内沼晋太郎は、『本の逆襲』（朝日出版社）で、「一部の三省堂書店には「カレーなる本棚」という、日本全国のご当地カレーが県別に並ぶ本棚があります」と紹介、「カレーも本である」と宣言し、次のように書いていた。

「レトルトのカレーの箱は、ちょうど本と同じくらいの大きさで、側面にも商品名が書いてあることが多く、棚に差しても判別できます。レトルトであれば日持ちするので、書店にとっては本にかなり近い感覚で販売できる商品のひとつだと言えるでしょう。」

要するに、店舗で販売するには、什器に合ったパッケージこそ重要なのだ。レトルトカレーは、「ちょうど本と同じくらいの大きさで、側面にも商品名が書いてあることが多く、棚に差しても判別でき」るからこそ、書店で販売することが出来たのである。アサダさんと話しながら、そのことは商品というものについて、決定的なポイントだと、ぼくは考え始めていた。

本やCDは、パッケージ商品だと言われる。デジタル化が破竹の勢いで進み始めたころ、消費者が求めるのはコンテンツなのだから、パッケージなど本来無駄なものだ、音楽はダウンロードに、本は電子書籍に取って替わられるだろう、と盛んに喧伝された。だが、本もCDも、いまだに「取って替わられ」てはいない。商品には、パッケージが必要不可欠だからだ。パッケージこそが、中身の品質を保証する手形であり、流通を円滑に、保存を容易にし、店舗での販売を可能にするのだ。

コカコーラの原液は五円以下であると言われる。消費者が支払う大半は、コーラを瓶詰め、缶詰めする経費に対してだ（子供のころ、「この番組は、コカコーラ・ボトラーズの提供でお送りします」というテレビのアナウンスを聞いて、なぜ中身の会社ではなく瓶の会社がスポンサーなのだろうと、不思議に思っていたことを想い出す）。

本にしても同じことで、IT時代の今、コンテンツだけならネット上に溢れ返っているものを、タダで享受することができる。だが、これを読みたい、これを読まなければ、という欲望を喚起するのは、コンテンツを包むパッケージなのかもしれない。商品が、すなわちパッケージ化されたコンテンツが、店頭に積み上げられ、あるいは静かに書棚に並んでいる風景なのかもしれない。パッケージ化されていることの意味を、商品《ブツ》であることのアドバンテージを、本やCDを販売する我々は、もっと自覚すべきではないだろうか？

アサダさんは、難波のスタンダードブックストアの中川社長が「アサダワタル極つき十三夜」という企画を立ててくれたのだが、ともう一つの相談を切り出した。一年にわたり、「日常編集家」アサダワタルが、さまざまなジャンルのゲストを招いて語り合う、という企画だ。

「それはいい！」と、ぼくは即座に膝を叩いた。ぼくが魅了された本のタイトルにもなっている「コミュニティ難民」とは、既存のアイデンティティに縛られずに、さまざまなジャンルに活動の場を拡げる人たちのことで、「越境者」と言い換えてもよい。著者のアサダさん自身が、誰よりも「コミュニティ難民」＝「越境者」であるから、そうした企画のホスト役にはうってつけだと思ったからだ。そして、その魅力的な企画のゲストの一人として、ぼくを呼びたいと言ってくれたのだ。

最初「来て頂くことは、可能でしょうか？」とアサダさんが遠慮がちに打診してきたのは、他社の企画に出てもらうことはありえるのだろうか、という懸念があったのだろう。ぼくは即座にＯＫし、アサダさんを驚かせた。

確かに、スタンダードブックストアは、ぼくが店長を務めるジュンク堂書店難波店の、恐らくは直近のライバル店である。ぼく自身も自店でトークイベントをやっているから、その意味でもライバル関係にあると言えるかもしれない。だが、両店は、書店としてのあり方が大きく違う。「本屋ですが、ベストセラーはおいてません」と謳い、本と雑貨が自由に入り乱れるスタンダードブックストアを、ぼくはとても面白く感じていた。おそらく客層も違っていようし、イベントのやり方も違う。精力的にイベントを打っておられるのは知っているし、「ハコ」が違えば得意分野も違うであろう。お互いにイベントの紹介をし合う、裏返せばお客様の紹介をし合えば、双方にメリットがあるのではないか、と思っていた。

ＭＡＲＵＺＥＮ＆ジュンク堂書店梅田店やジュンク堂書店大阪本店など自社の他店舗だけではなく、隆祥館書店、紀伊國屋書店グランフロント店、梅田蔦谷書店など、積極的にイベントを行っている他社書店も多い。それぞれの店の常連客の多くは、本好きに違いない。イベント告知を協力して行うことで、協同して読者にアナウンスし、結果的に読者を紹介し合うことが出来れば、大阪が「本の街」であることを、もっと喧伝できるのではないか？
今のところ、ぼくの夢想に過ぎないかもしれない。だが、スタンダードブックストアの連続企画「アサダワタル極つき十三夜」へのぼくの参加が、そうした動きのきっかけになれば、と願うのである。

（二〇一六年一月）

第Ⅱ部

一九六〇年代憲法論の瑞々しさ——上山春平『憲法第九条　大東亜戦争の遺産』

二〇一三年一二月に刊行された『憲法第九条　大東亜戦争の遺産　元特攻隊員が託した戦後日本への願い』（上山春平著、たけもとのぶひろ編集、明月堂書店）は哲学者上山春平が一九六〇年代に思考した憲法論であるが、今ある凡百の無思想な暴論や弥縫策に比べ、未来を見据えて遥かに瑞々しい。

上山が、日本が一九四五年に敗れた戦争を「太平洋戦争」ではなく「大東亜戦争」と呼ぶのは、林房雄（『大東亜戦争肯定論』）のように、かの戦争を肯定するためではない。「太平洋戦争」はあくまで戦勝国アメリカの視点に立つ呼称であり、我々日本人がそのような視点に立つことによってアジア大陸への侵略的行為を含めた一連の出来事を自ら免責・忘却することなく、「あくまでもそれを戦ったこちら側の集団の一人として反省する立場を貫く」ためである。

一方、戦争当事者による東京裁判を、上山はそもそも認めない。東京裁判は、「連合国＝正義／枢軸国＝悪」という単純かつ誤った図式で、戦勝国が敗戦国を裁くものだったからだ。

どちらかが一方的に良くて、どちらかが一方的に悪いというような喧嘩や戦争はない。東京裁判、そして戦後の世界秩序を決定したのは、実際には力の論理にしたがいながら倫理的な偽装をほどこそうとする「戦勝国」アメリカの欺瞞であり傲慢であり、それは数十年後に「テロとの戦い」と称した侵略行為で馬脚を現す。

だが同じ占領期に制定された日本国憲法については、「アメリカ政府の「俺たちは平和愛好国民だ」という独善的な前提に立脚」していると断じながらも、「押しつけられた憲法だといいきるほうがいいのではないか。なぜなら、その意思のなかには、日本だけの意思ではなくて、国際的な意思が入っている」とむしろ肯定的に評価し、「占領下につくられた私たちの新しい憲法は、その生い立ちの異常さに由来する外形の醜さにもかかわらず、まともな生い立ちとまともな外形をもつ他の国々の憲法を画然としのぐ美点をもっている。それは第九条の不戦の規定である」と言い切る。

第一次大戦後、全世界的に感じられ始めていた「戦争放棄」の必要が、「第九条」に結晶した「国際契約」と捉えるのだ。「私は、あの憲法が、大西洋憲章↓連合国宣言↓国連憲章↓ポツダム宣言↓連合国対日管理政策という一連の国際的協定を前提とし、しかも、日本の議会の決議と連合国の日本管理機構の承認を経て作製された国際的文書である、という事実に着目したい。」

上山は、幣原喜重郎が要求する天皇制維持の代価として、マッカーサーが戦争放棄条項を憲法に挿入することを呑ませたのではないか、と想像する。「両者のふれあいには、やはり戦争という名の愚行を克服する道を最もまじめに考えつめた瞬間にふさわしい何ものかがみとめられるように思う」と上山が語るとき、そこには、人間魚雷「回天」に乗り込み、決死の覚悟で戦争と対峙した哲学者の、紛うことなき平和への希求が強く感じられる。

朝日新聞の記者として上山の謦咳に接した柴山哲也は、実際に新憲法草案の作成にかかわった米国人には、戦争体験を共有した上山と同世代の人が多く、新憲法の中にはある種の人類的な理念と希望の共有があると思うようになった、と言う（『新京都学派　知のフロンティアに挑んだ学者たち』平凡社新書）。

また、常に「九条」との齟齬が取りざたされる自衛隊について、上山は「天災や人災（戦争も最大の人災の一つである）にたいしてとりくみながら、自然と人間との共生体系を積極的に改善して行くことを根本の目標とする」公共奉仕隊への移行を提案する。

「わたしのしろうと考えでは、たとえば、日本社会にとってとくに重要な気象観測と風水害対策業務を大幅に軍隊で担当し、さしあたっては現存の気象関係官庁との協力を密接にしながら、いつでも非軍事化への移行ができる態勢をととのえておくこと、公共土木建築事業をできればすべて軍隊が担当し、これも転換可能の態勢にしておくこと、その他、運輸・通信などの公共事業にかんして、それぞれ、非軍事的業務への移行の工夫をおこない、戦争にしか役だたないという隊員は一人もいない状態にしておくこと、等々の措置が考えられる」阪神淡路大震災や東日本大震災を経験した我々には、十分リアリティのある提言である。

上山春平は二〇一二年八月、九一歳で鬼籍に入った。

だが、今も我々は、「A級戦犯だけに戦争の罪を押しつけた、自分たちの歴史認識は間違っていました。私たち全員当事者です。私たち全員が加害者です。日本はもう一度そこに立ち返って、そこからもう一回戦争について、平和について考えます、そこまで言えば、変わりますよ。言うべきですよ」(『クラウド　増殖する悪意』(dZERO)刊行記念トークイベント、二〇一四年一月一三日、ジュンク堂書店難波店)と語る森達也や、「日本の非武装を要求しているのでなく、日本国が非武装を選択できる世界の創造を要求している「憲法第九条」の「創造力」を受け継ぎ、育んでいかねばならない」という木村草太(『憲法の創造力』NHK出版新書)を持つ。

「憲法第九条」は、敗戦国が押しつけられた「過去の遺物」では決してなく、日本が世界に向け、未来に向けて発信すべき「遺産」なのである。

（「WEBRONZA」二〇一四年四月二一日）

これが戦争のリアルだ！――『戦争と性』にみる「道徳的頽廃」

鈴木邦男は、自らも右翼活動家であった若かりし日々に土方歳三に魅了されていたことを「自己批判」し、小説や映画に描かれた〈歴史〉や人物像は実際の歴史からは大きくかけ離れている、だから、決して『歴史に学ぶな』（dZERO）と言う。

鈴木が、つくられた〈歴史〉に学ぶな、むしろ体験に学べ、と訴える第一は、戦争である。映画やドラマに仕立て上げられた〈戦争〉ではなく、「ひたすら暗く、残酷で救いがない」実際の戦争を、そこに居合わせた人々から学べ、と。

戦争のリアルを、少し違った角度から教えてくれるのが、『戦争と性』（明月堂書店、高山洋吉訳）である。この本は、一九五六年に翻訳刊行された河出書房『世界性学全集　第一巻　戦争と性』の復刻版であり、ベルリン性科学研究所主宰のマグヌス・ヒルシュフェルト博士の手になる原著は、ナチスが政権を握る直前の一九三〇年に刊行されている。直近の戦争は、人類が初めて国家総動員体制下で戦った第一次世界大戦である。

戦争が始まると男たちは戦場へと駆り出される。愛する伴侶の無事を祈っていた女たちは、男たちの不在の長期化につれて、性欲を持て余すようになってくる。

そのことを責めるわけにはいかない。性欲は食欲と共に人間の二大本能であり、種族保存のための欲望であるからである。性欲なくして、人類は今地球上には存在しないだろう。

男日照りが続くと、例えば捕虜を相手の性愛が流れ出す。あるいは、傷病兵への情愛が深まってくる。看護婦たちの献身的な仕事も、単なる美談では済まなくなる。

一方、自分たちが祖国のために命を賭けている間の妻の不義にカンカンになる資格は、戦場の男たちにも、おそらくない。平時のモラルをかなぐりすて、新しい戦争のモラルに盲従するのが戦場の兵の義務であり、性もまたその例外ではありえないからだ。

近代の戦争で、長期にわたって比較的に大きな単位の部隊を戦線のある局面または兵站地域に釘付けにした陣地戦は、定着的な形の売淫を必要とした。

そうした娼家に集まってきた娼婦は、以前からそれを職業にしていた者もいたが、多くは非占領地の慢性的な窮乏に追いやられてその身体を売った女たちであり、その数はどんどん増加していく。仕事はつらく、性病に脅かされて多くは短期間しか続かない娼婦は、慢性的な供給不足の状態にあったからだ。

一方、こうした娼家における監督された売淫のみが、かろうじて性病とそのために引き起こされる戦力の麻痺への対抗策であったが、戦場や兵坦地域において、それは充分に機能し得なかった。

平時のモラルを失った兵士たちを、性病は容赦なく襲い、余りに罰則が厳しいとそれは隠され、罰則が緩いと性病を回避するモチベーションが下がるため、娼家の売淫へも侵入し蔓延していく。逆に進んで性病に罹ろうとする兵たちも出てくる始末だ。すくなくともこの病気にかかっている間は、戦場で死ぬ危険を免れたからである。

こうした戦場・兵站での性の実態を、自国の勝利のために利用しようする向きさえ出てくる。一八七〇年のフランスの新聞は、ドイツ軍に占領された地域の娼婦たちに向かって、ドイツ兵に大量に性病を感染させるのは国民的義務だと、訴えたのである。

これが、戦争のリアルである。そこには、鈴木邦男が言う通り、映画やドラマが中心テーマとしたがる「真の勇気が試された！」「極限状態でも愛があった！」という救いや希望はない。

ヒルシュフェルトは、好事家的に戦争における性の狂乱状態を描いたわけではないし、科学者として、没価値的に事実を記録しただけではない。

「解放された原衝動の狂乱、従軍者および国に残っていた者の野蛮化、戦場の男たち、銃後の女たちおよび有棘鉄条の背後の捕虜たちの性の悩み、売淫が到る処でとった厭うべき形態、性病の蔓延、健全な性感の大量的毀損、兵站地の性的無政府状態および銃後における大衆殺戮の利用者の酒池肉林の生活、夫婦関係および性倫理の破綻——これらすべては戦争の直接間接の結果であり」、「戦争のある限り、われわれはこの性愛の堕落、「人間」という概念を侮辱するこの、世にも恐るべき恥辱から逃れることはできない」と結論し、戦争そのものを告発しているのだ。「だから、戦争は、するな!」と。

本書冒頭で解説を担当する宮台真司も、次のように総括する。

「ヒルシュフェルトの主張は単純です。戦争がしたいなら、道徳的頽廃にツベコベ文句を言うな。道徳的頽廃にツベコベ文句を言うなら、戦争をやめろ。」

その宮台は、二〇一三年、橋下大阪市長が在沖米軍の風俗活用を求め、兵士の性のコントロールはいつの時代も軍の最重要課題だと述べたことを取り上げ、「目の付け所は良い」が、独英仏には要求できることも、ピューリタン的性道徳に帰依する宗教原理主義者の国である米国は、聞く耳を持たないだろう、と評している。それもまた、戦争という虚飾のリアルである。

（「WEBRONZA」二〇一四年七月四日）

戦争の終わり方――『永続敗戦論』『1945予定された敗戦』

白井聡の『永続敗戦論』（太田出版）は、刊行三年後の現在、一九刷、累計七万七〇〇〇部で、今なお売れ続けている。人文社会書としては、ベストセラー、ロングセラーであると言える。

「福島第一原発の事故以降引き続いて生じてきた事態、次々と明るみに出てきたさまざまな事柄が示している全体は、この日本列島に住むほとんどの人々に対する「侮辱」と呼ぶほかないようなものだ。あの事故をきっかけとして、日本という国の社会は、その「本当の」構造を露呈させたと言ってよい。」

二〇一一年の福島第一原発事故とその背景、そして次々に暴かれた実態は、「侮辱」の根底にある現代日本の社会構造、権力構造が、不断に存続・維持・強化されてきつつも表面上は隠されてきた〈無責任の体系〉であることを明るみに出した。多くの人が漠然と感じてきた「戦後」の欺瞞を、白井は説得力のある、力強い筆致で解き明かし、多くの読者の共感を得たのに違いない。

「戦後」の欺瞞とは、「敗戦」を「終戦」と呼び換えるという欺瞞に始まる。それは、朝鮮半島から満州、中国への侵略戦争における敗北を、単にアメリカにだけ敗けたことにした欺瞞である。実際には敗戦時の革命の防止を意味した「国体」維持を、日本民族の存続と言い換えた欺瞞である。その「国体」維持も、アメリカの対アジア、対共産主義戦略の、極めて政治的な判断の結果であったことを、アメリカの「天皇への敬愛」によるとした欺瞞である。「敗戦を否認しているがゆえに、際限のない対米従属を続けなければならず、深い対米従属を続けている限り、敗戦を否認し続けることができる。かかる状況を私は、「永続敗戦」と呼ぶ。〝欺瞞は今日なお生き続けているだけではなく、戦後七〇年を通して増強されてきた。〟いま露呈している全般的腐敗は、「民主主義・平和・繁栄」の物語の只中で形づくられてきたものにほかならない」と、白井は言う。

福島第一原発事故は、まさに「戦後」の欺瞞の露呈＝破綻そのものであったのだ。アメリカが原爆を使用したことと日本が原爆を投下されたことの責任を糊塗する原子力発電＝「夢のエネルギー」という欺瞞の露呈であっただけではない。事故直後の放射能拡散の情報が、最もそれを必要とした地域住民に対してではなく、まずアメリカに報告されたという事実が、「対米従属」を白日の下に曝した。

欺瞞の綻びは、原発事故だけではない。沖縄基地問題、TPPへの対応において日本を袋小路に追い詰めているのも、「対米従属」を「民主主義・平和・繁栄」で覆い隠す欺瞞である。従軍慰安婦問題、領土問題をはじめとする（旧ソ連を含む）アジア諸国との歪《いびつ》な関係も、アジアを舞台とした戦争の敗戦を認めないという欺瞞の結果であり、北朝鮮の拉致問題もまたそうであると言っていい。

実は「戦後」の欺瞞を孵化・成長させる端緒であった「もはや戦後ではない」という言葉が発せられて六〇年、今ほんとうに「戦後」という欺瞞が終わりつつあることに白井は強く感応して、『永続敗戦論』を書いたのである。

白井の「永続敗戦」の考察からさらに少しばかり時を遡り、そもそもそうした欺瞞を産み出した、あの戦争の「終わり方」を徹底的に論じたのが、『1945 予定された敗戦　ソ連侵攻と冷戦の到来』（小代有希子著、人文書院）である。この本を読むと、かの戦争の「終わり方」についてもまた、「戦後」を通じて誤った像が形成され、ぼくたちはその幻像を信じてしまっていたことを思い知らされる。

一九四五年八月、ソ連が中立条約を破って対日参戦してくることを、日本の指導者らは当時の国際政治の分析の甘さによって全く見抜けなかったということは、ぼくたちまでも含めた「戦後」の日本人の定説になっている。ヤルタでスターリンがルーズベルトに対日参戦を確約したことに全く気がつかず、ソ連に浅はかな期待を抱き続けて、アメリカとの仲立ちさえ頼んだというのである。しかし、「誰にでも閲覧が可能ないくつかの資料を読むだけでも、そのようなことは全くなかったことはすぐにわかる」と小代は言う。

「天皇と近衛文麿は、ソ連軍が満州に攻め込んできたことを知ると、アメリカと和平を講じる「天祐であるかもしれん」と色めき立ったという。」

すなわち、日本の指導者たちは、ソ連の参戦をむしろ待ち構えていた、というのだ。

なぜか？

戦局の推移を見定めながら、彼らは、「この戦争には勝てない」という判断を下していた。ならば、目指すべきは、「よりよい敗け方」である。日本が戦後に何とか存続する、生き延びるだけでなく戦後復興する余地をもって敗北する。あわよくば、これまでの国家体制＝文配体制をそのまま維持して。「国体維持」は、何も天皇制だけを指しているわけではない（実際に、その支配体制は、白井によって、今日にいたるまで生き延びていることが暴かれた）。そのために、彼らは、ソ連の参戦を、むしろ利用しようとしたのだ。

ヤルタでの「対日参戦」の約束にも関わらず、ソ連とアメリカは決して一枚岩ではなかった。「アメリカ国務省は、ソ連が朝鮮に対して抱く野心について、太平洋戦争勃発直後から警戒し始めていた」のである。

ヤルタで「参戦の約束」は交わしたが、ポツダム宣言にソ連は加わっていない。

戦争末期の日本のソ連に向けた和平工作も、ヤルタでの密約を知らない日本人が、「もうアメリカに勝つ見込みがなくなったので、藁にすがる思いで「不可侵条約」を結んでいたソ連にアメリカとの講和を斡旋して欲しいと懇願した」まるで見当違いの嗤うべき愚策と解釈されているが、実際は、利害のぶつかる二大国の双方と接触することによって、よりよい降伏条件を引き出そうとしたものと考えられる。そのためには、むしろソ連にも参戦してもらわなければならなかったのだ。

ソ連の対日参戦によって、「アメリカが日本の植民地敵国全てを獲得し、東アジアに君臨することも阻止できる。その意味で、そもそもアメリカ勢力を東アジアから駆逐することを目的とした太平洋戦争の目的は部分的にでも叶う。そうなれば、ついに戦争を終わらせる大義が立つ」というささか苦しい「見立て」もあったのだろうか？

ともあれ、日本は、ソ連の参戦を待った。そうこうしているうちに、二発の原子力爆弾が落とされたのである。

その原爆についても、我々は一つの神話に捕らわれている。自らの優秀性を狂信し、勝てるはずのない戦争をあきらめて降伏するという理性的決断ができずにいた日本に、アメリカは、原爆というショック療法を施して「終戦」を実現した、という神話である。日本政府は、投下後即座に、（後に「核抑止論」に繋がるような）原爆の絶対的な破壊力を理解したわけではない。実際、ポツダム宣言受諾文書は、受諾の最大の理由を和平調停を続けてきたソ連の対日参戦であるとしており、広島、長崎に投下された原爆については一切言及していないのだ。

一方、アメリカの側の思惑も、決して「日本の為を思って」というものではなかった。

スターリンが対日参戦の意向をトルーマンに伝えた翌日、トルーマンはプルトニウム型原子爆弾実験の成功の知らせを受け取り、これでソ連の参戦なしに日本を降伏させる武器を確保したと喜んだという。

神話は、原爆を落とされた側の責任も、落とした側の責任も覆い隠してしまったのである。

そして、その欺瞞は、日本の戦後の原子力政策を貫通し、その挙句の「3・11」へと繋がっていく。

さらに大きな欺瞞は、「アメリカにだけ敗けた」ことにしたがゆえの、戦前戦中の日本のアジア政策、植民地問題の糊塗である。そもそもアジアの支配を射程に収めていたアメリカにとっても、「日本の植民地帝国の終焉」のエピソードは、不都合なものだった。「SCAPは占領下で、日本人の意識から「アジアはアジア人のために」「アジアをアジア人の手に取り返せ」といった戦争中のプロパガンダを消し去ってしまうため、「アジア」自体のこと、植民地帝国のこと、そして日中戦争そのもののことを考えさせないような教育内容やメディア活動を用意させた。」

日本の方も、「アメリカとソ連の間で生き延び、再び成長を始めることばかりを考えすぎた。そして、アジア大陸で戦争がどう終わったのか、植民地帝国はどう崩壊しその後何が起こったのか、考え続ける課題のほうを、いつのまにか放棄してしまった。その結果、中国での内戦の行方、二つの朝鮮の問題は、日本人の世界から急速に消えていった」。

「終戦」、戦後を通じて、日米の利害は、見事に一致したのである。

賠償問題、領土問題、そして拉致問題も含めて、今日袋小路に陥っている日本の対アジア関係の宿痾は、まさに「終戦」とともに始まったのだ。

もう一つ付け加えなければならないのは、「日本国民は、政府、軍部に完全に騙されていた」という神話である。

そもそも、太平洋戦争の始まりと同時に日本人は「鬼畜米英」のスローガンのもと、西欧の文明文化を真っ向から否定し、外来語を禁止し、国粋主義に猛進した、という「記憶」も正しくない。一九四四年の終わりにも、市民はクラシック音楽会を楽しんでいたように、戦争の最中であっても、西洋文化そのものは日本社会で愛され続けた。敵国を含めた海外情報にも詳しく、「特高の記録を読めば、政策決定とは無縁なはずの一般市民が、これからの日本は、アメリカ、ソ連、中国国民党、共産党と、どのようにつきあっていくのだろうと、うわさしあい、かなり専門的で的を射た意見を述べたりしていることがわかる」という。「ポツダム宣言の発表に、ソ連代表としてスターリンが名前を連ねていないことに関しては、日本の一般市民もその理由背景を真剣に考えていた。」

要するに、戦争当時の指導者は、今我々が刷り込まれているほど愚かではなかったし、国民もまた、無知ではなかったのだ。

もちろん、そのことによって、当時の指導者たちが免罪されるわけではない。彼らが「よりよい敗け方」にこだわって敗戦を先送りにした結果、広島と長崎に原爆が投下されたのは紛れもない事実である。中国大陸では、「ソ連の対日参戦が「予期しないこと」でなかったことは明らか」であったにもかかわらず、「ソ連の友好を信じるジェスチャーをし続ける必要があった」政府は、「満州に移住していた一〇〇万人以上の民間人に早期避難命令を出さなかった」。その結果、「ソ連軍から逃げる過程で十八万人が命を落とした」。

支配者層は常に、その思惑のもとに被支配者層を犠牲にし、その犠牲の上に生き残っていくことを、我々は決して忘れてはならない。

（「WEBRONZA」二〇一六年三月七日、八日）

民主主義とカオス

――『民主主義って本当に最良のルールなのか、世界をまわって考えた』

チャーチルの有名な言葉、「民主主義は最悪の政治形態らしい。ただし、これまでに試されたすべての形態を別にすればの話であるが」は、今日益々至言であると思われてくる。「民主主義」が、命綱ともいえる民意をうまくすくい取れなくなっているのではないか、そんな問題意識をもって朝日新聞の取材班が日本を含めた世界に取材したシリーズ「カオスの深淵」が一冊にまとめられたのが『民主主義って本当に最良のルールなのか、世界をまわって考えた』（東洋経済新報社）である。

「民主主義」とは、ある国、ある地域に生きる人々が等しく政治的決定権を持つ、文字通り「民が主」の制度である。ただし、古代ギリシアの都市国家と比べ地域の単位も広がり、人口も増大した今日にあっては、往時の「直接民主制」ではなく、「代表民主制」を取らざるを得ない。

その時、一人ひとりの意志と決定権は、選挙によって表明され、実現される……はずだ。だが、実際には、選ばれた政治家や行政に問題を丸投げにする「お任せ民主主義」に陥っていることが多い。

「民意」は、一枚岩ではない。「主」である「民」同士で利害が全く対立、衝突することも珍しくはない。それらの対立、衝突がさらに重なりあい、複雑な様相を示すのが通常である。丁寧に議論すること、一人ひとりの権利は平等ということを前提にして解決を図るのは、余りにまだるっこしい作業で、おそらく不可能であることも多いだろう。挙句、「民主主義」であるはずなのに「お上」に丸投げすることになりがちとなる。

選挙が盛り上がることも、ある。ただし、それは多くの場合、ポピュリスト的な候補者が勢いづいた時で、主権者同士の議論が活発化したからではない。むしろ、「丸投げ」がさらに進んで「強いリーダー」が待望される、というべきだ。

そうした「代表民主制」への反動もある。「選挙じゃない、占拠だ！」と民衆が動いたエジプトのタハリール広場、ウォール街、マドリード・プエルタ・デル・ソル広場の占拠など……。そして日本でも、原発への異議を表明する官邸前を中心とした全国的なデモがある。だが、それらが「代表民主主義」を覆したわけではない。

グローバル化した「新自由主義」経済のもと、マネーは利益を求めて世界中を飛び回り、さまざまな国家財政を食い物にする。「民主主義」の制度は、基本的には国家止まりだから、グローバルな市場を左右、規制することはできない。

「市場の速さについて行こうとすれば民主主義は制限される。民主主義を尊重しようとすれば市場が社会を窮地に追い込む。民主主義はわなにはまったように見える」「借金が民主主義を支配する」と言われる所以である。

「国家破綻」を宣告された国は借金返済を最優先させられるが、そもそもその借金は、誰が誰から何のためにしたものなのか？　多くの国民にとって、与り知らぬことだろう。

それでも、借金の返済は一人ひとりの国民が納めた税金によってなされるほかない。グローバリゼーションの時代には、税率を上げると企業は国外に逃げていくから、なおさら残った国民一人ひとりの負担は重くなる。

そもそも税金こそが市場を支えているのだと、萱野稔人は言う。国民が税によって国の財政を支えることによって、グローバル化した市場に不可欠な紙幣の流通を担保しているからだ。リーマンショック後、金融機関を救い、市場を守ったのも税金であった。

国が税金をどう使うかを監視し、間違った場合には異議申し立てをして軌道修正するのが、主権者たる「民」の大きな役割である。
○か×かを宣告する方法は主に選挙であるが、その選挙が本来の役割を果たしていない。むしろ、選挙があるから重要な政策が決まらず、ＴＰＰ、原発放棄など大きな問題が敢えて選挙で正面から争われることはないというのが現状である。「蚊帳の外」に置かれた選挙民は、失態を犯した指導者や政党へのバッシングによって溜飲を下げるだけに終わっている。
ハンガリーでは、子育て中の母親は、選挙で二票もてるようにするということが真剣に検討された。常識的には「ありえない」話だが、高齢化社会が進む日本では、将来世代への責任を考えればむしろ合理的で、少なくとも「先送り」政策には大きな歯止めがかかるだろう。一票の格差をずっと取り沙汰してきた日本でこそ、採用されるべき制度かも知れない。

ヘーゲルは、近代市民社会を「欲望の体系」であると喝破した。市民一人ひとりの欲望には相互の整合性などはなく、社会主義計画経済が失敗せざるを得なかったのはそのためだと言える。「欲望のカオス」というべきか。

だとすれば、「民主主義」とは、そのカオスを引き受ける覚悟を言うのではないか。そして、出版とは、カオスの中で諦めることなく続けられる真摯な模索に資する議論を供給する営為ではないだろうか？

だからこそ、問いたい。東洋経済新報社は、何ゆえ本書のタイトルを、朝日新聞連載時の「カオスの深淵」から「民主主義って本当に……」という冗漫なタイトルに変更したのか？そもそもこの本の出版元が、どうして朝日新聞出版ではないのか？

（「WEBRONZA」二〇一四年八月一九日）

「君が代」を強制した瞬間に崩壊する推進派の論拠

二〇一六年二月一七日、岐阜大学は、国歌「君が代」を入学式・卒業式で斉唱しない方針を表明、これに対して、馳浩文部科学相が「運営交付金が投入されているのに恥ずかしい」と批判した。

まず、馳大臣の「恥ずかしい」という言葉こそが恥ずかしい。「国に金を出して貰っているのだから、国の言うことは無条件で聞け」と言わんばかりである。馳大臣はおそらく、「大学自治」の意味が分からないだろうし、権力に盲従せず、権力の暴走にストップをかけることこそ大学の存在理由だと言われても、理解できないであろう。

一九九九年八月に成立した「国旗国歌法」は、「君が代」を（法的にはこの時初めて）「国歌」と定めただけであり、公式行事で歌うことを国民に強いてはいない。小中高校で「君が代」が斉唱されるのは、「学習指導要領」に書かれているからに過ぎない。

大学には、「学習指導要領」はない。室井尚が言うように、大学とは「それまで学習指導要領等によって文部省が決めた科目と単元を、ひたすら印刷機でプレスされるように頭の中に刷り込まれ、つめ込まれてきた「生徒」たちが、初めて自分の意志で世界を解釈し、生き方を模索し、学ぶことを選ぶ場所」なのだ。そのことが、二〇一五年六月になされた下村博文文部科学大臣（当時）の、国立大学学長に対する式での国歌斉唱の要請を、岐阜大学森脇久隆学長が拒否した所以であろう。

これまでも、「君が代」斉唱は、学校の卒業式において紛糾の火種であった。一九七〇年三月、学級担任の「まわれ右！」の号令で一クラスの生徒全員がまわれ右して歌わなかった「まわれ右！」事件。一九七九年、伴奏担当教諭がジャズアレンジの「君が代」を演奏して物議を醸した事件。九一年には、校長が式次第になかった「君が代」をアカペラで独唱するという珍事件も発生した。そもそも「国旗国歌法」が、九九年二月、卒業式での「日の丸」掲揚と「君が代」斉唱を求め県教委とそれに反対する教員・生徒の板挟みに苦しみ校長が自殺した事件がきっかけとなった法案であった。

これまで学校が「事件」の現場になってきたのは、日教組が「君が代」斉唱反対の急先鋒だったことも一つの理由かもしれない。「教え子を二度と戦場に送るな！」を大きな指針としてきた日教組にとって、先の戦争を連想させるものは、すべて否定すべきものだったからである。「天皇陛下万歳！」と叫んで自らの命を捧げる若者を二度と出さないためには、その「天皇陛下」の世を「とこしえなれ」と謳う「君が代」は、到底受け入れがたい歌だったのだ。

それに対して、「君が代」を国歌として推進する側は、「君」は確かに天皇陛下のことであるが、現在の天皇陛下は主権の存する国民の総意に基づいた「国民統合の象徴」としての天皇であり、「君が代」は天皇という象徴を讃えることを通じて日本国民を讃える歌と言うべきであり、決して戦後民主主義に矛盾しないと主張する。

「君が代」の歌詞は、元々古今集に収められた「読人知らず」の古歌であり、「君が代」の「君」は単なる二人称代名詞であったようだ。江戸時代には、「君」は徳川将軍であった。楽曲としての「君が代」は、明治二年英国の王族が来日した時、歓迎式典で英国国歌「ゴッド・セイヴ・ザ・クイーン」と共に演奏される日本の「国歌」として慌てて曲をつけられたのが最初で、そのメロディは現在のものとは全く違ったものだった。やがて明治政府は、近代化を推し進める中で、「日本人」という共通した国民意識を持たせるためにそれを利用しようとした。時代が下ると共に天皇讃歌としての性格が色濃くなり、昭和一〇年代になって「国体明徴」の動きの中で、「君が代」は直立し姿勢を正して真心をこめて歌う神聖不可侵のシンボルとしての地位を不動のものとしたのである。

「君が代」はそれぞれの時代に翻弄され、利用され続けてきたのだ。敢えて言えば、「君が代」自体に罪はない。少なくとも「君が代」の歌詞や曲調に、攻撃的、侵略的な意味や感触はない。アメリカの「星条旗よ、永遠なれ」やフランスの「ラ・マルセイエーズ」など国家を成立させた戦場の中から生まれてきた国歌、植民地からの解放によって成立したアフリカや中南米諸国の独立を祝う国歌に比べても、極めて平和的だ。一九九八年、サッカーの中田英寿が「国歌、ダサいですね。気合が落ちていくでしょ。戦う前に歌う歌じゃない」と言ったと朝日新聞に報じられ（実際は中田はそのような発言はしていないらしい）物議を醸したが、報道されたその言葉は、「君が代」を戦後の平和と民主主義のシンボルと主張する推進派を、むしろ後押しすると言えるかもしれない。

いずれにせよ、批判すべきは、「君が代」そのものではなく、その利用のされ方なのだ。だが、あるいはだからこそ、推進派が「君が代」を守り浸透させようとするならば、誰に対しても、決して強制してはならない。強制は民主主義とは全く相入れず、「君が代」を教育現場や他の様々な場所で強制しようとした瞬間、「君が代」は天皇という象徴を讃えることを通じて日本国民を讃え戦後民主主義に矛盾しないと言う推進派の論拠は崩壊する。

二〇〇四年一〇月二八日、東京都教育委員だった米長邦雄永世棋聖が園遊会の席上で今上天皇に対し「日本中の学校で国旗を掲げ、国歌を斉唱させることが私の仕事」と話しかけ、天皇から「やはり、強制になるということではないことが望ましい」と返された。今上天皇こそ、今日の日本で最も民主主義的な思想の持ち主であることは、衆目の一致するところである。

一部の推進派とも絶対的な拒否派とも距離を取り、「天皇制」や「君が代」に対して「消極的な肯定」を示す現代日本の大衆の姿勢は、極めてリアリスティックなのかもしれない。

参考文献
『文系学部解体』室井尚、角川新書
『国歌斉唱　君が代と世界の国歌はどう違う?』新保信長、河出書房新社
『ふしぎな君が代』辻田真佐憲、幻冬舎新書

（「WEBRONZA」二〇一六年四月七日）

「物語」を売る

コピーライターで作家でもある川上徹也は『物を売るバカ』（ＫＡＤＯＫＡＷＡ）で、「商品」を売るな、「物語」を売れ、と言う。

教科書的なマーケティング理論が言うように、物が売れる要因は「価格」「品質」「広告」「流通」などであるとすれば、大手企業やチェーンストアが圧倒的に有利である。だが実際には、それらに対抗して元気に頑張っている小さな会社や商店が存在する。川上によれば、それらの会社や商店は、「商品以外の何か」を売って成功しているのだ。その「何か」とは、「物語」である。商品や従業員、会社にまつわる「物語」こそが、商品や商店の顧客を生み出しているのである。

人は、「物語」を聞くと感情を動かされる。感情が動くと記憶にも残り、記憶に残ると誰かに伝えたくなる。失敗を語ることで、より深い共感を得ることもでき、顧客とビジョンやイメージを共有することもできる。

『物を売るバカ』に収められたいくつかの成功例は、確かに川上の主張に説得力を与えている。だが、「物語」を売るという方法論は、誰でもすぐに採用可能なノウハウではない。「商売における「物語」とは、創るものではなく、発見するもの」であり、「作られた物語は絶対にダメ！」と川上も警告するように、それは実際に「あった」出来事でなくてはならない。多くの顧客の感情を動かす「物語」を、誰もが持っているわけではない。

また、「物語」は大抵、思いもよらず突然降りかかってくるもので、自ら求めて得られるものではない。得たいものでもない。川上の言う「ストーリーの黄金率　1　何かが欠落しているまたは欠落させられた主人公が、2　何としてもやり遂げようとする遠く険しいゴールに向かって、3　数多くの葛藤、障害、敵対するものを乗り越えていく」は、願わくは遭遇したくないプロセスである。

映画史上に輝く「物語」の傑作『ダイ・ハード』シリーズで、ブルース・ウィリス演じるマクレーン刑事の口癖は「何てついてないんだ！」であった。

「物語」戦略を書店に当てはめようとすると、いささか妙な具合になる。それは、書店が商品として売っているものが、ほかならぬ「物語」であるからだ。

川上は、『新文化』二〇一五年一月二二日号で、「物体としての本や雑誌」を売ろうとしている限り書店の未来はない、商品そのもの以外の価値を発信していく必要があると主張する。

そして、本そのもの以外の価値として「手に入れただけで少し賢くなったような満足感」「読書を楽しむ心地よい空間や時間」「本のなかにある思想や提案」「本を読むことによって得られる効果」を挙げている。

だが、「本そのもの以外の価値」といわれたまさにそれらこそ、ぼくたち書店人が、本という商品を売ることを通じて、日常的にお客様に届けたいと思っている当のものなのだ。

本という商品をより売れるものにするメタ・ヒストリーが存在するならば、それは本の中身に吸収されているべきである。そうできていないとすれば、それはその本が未完成品であることを意味すると言っていい。

「物語のある本屋」は確かに存在するし、それらを描いた本も、少なからず出版されている。古くは早川義夫の『ぼくは本屋のおやじさん』（晶文社）やヴィレッジヴァンガードの誕生を描いた永江朗の『菊地君の本屋』（アルメディア）などがある。

最近では恵文社一乗寺店店長（現・誠光社店長）堀部篤史の『街を変える小さな店』（京阪神エルマガジン社）が面白かった。わがジュンク堂には、田口久美子の『書店繁盛記』（ポプラ社）、『書店不屈宣言』（筑摩書房）がある。

だが、見てのとおり、それらは本になっている。恐らく「物語」の舞台となった書店が、最も数多く売ったことだろう。こと書店に関して言えば、「物語」を売ることは、そのまま「商品」を売ることなのである。

もちろん、本になっていない「物語のある本屋」も数多くあるだろう。だが、読者が求める「物語」が「物」となったものが本という「商品」であるのだから、書店の「物語」は、書店が売っている「商品」を凌ぐことはできない。

書店の価値は、商品選択と仕入れ、展示によって、いかに本という「商品」を販売して「物語」を読者に伝え得ているか、で測られるのだ。『新文化』の紙面でも、結局、川上は『物を売るバカ』を一生懸命売ってくれた三軒の書店を紹介するに終わっている。

むしろ、こう言った方がよいかもしれない。他の商売では確かに「物語」が「商品」の販売を後押しし、商店のファンを増やすかもしれないが、書店においては、「商品」の販売こそ、「物語」を生み出す、と。

今年は、正月早々、いわゆるヘイト本の出版を糾弾する本を「店長の一押し！」にしたことへのクレームが連続してあった。直近では、イスラム教徒を激怒させた風刺を掲載し、「出版の自由」は無際限かと問いかけた『イスラム・ヘイトか、風刺か』（第三書館）が、店頭で売ってよいか否かと、物議を醸した。ぼくの店では、普段どおりに店頭に並べた。

「物語」は創り出せるものではない。向こうからやって来るものである。ぼくは、先のクレームが決して嫌ではなかったし、『イスラム・ヘイトか、風刺か』を店頭販売していることに抗議があれば、正面から議論するつもりでいた。

ぼくら書店員に必要なのは、「物語」を創ることではなく、やって来る「物語」から逃げずにしっかりと受け止め、その「物語」を生きることだと思う。

（「Ｊｏｕｒｎａｌｉｓｍ」二〇一五年五月）

出版の量的、質的なシュリンク――返品抑制策、総量規制、ＰＯＳデータ重視

出版業界が、シュリンクしている。その大きな原因が、「返品率の削減」という、「大目標」である。

出版社、取次、書店のどの業態でも、当然、商品が売れるほど多くの利益を得ることができる。それは自然と返品率の低下を伴うから、返品率が低い時には利益があがっている場合が多いと言える。

ただし、因果関係は「本が売れる→返品率が下がる」のであって、「返品率が下がる→本が売れる」ではない。返品を抑えて本を抱え込んでもそれが売れるわけではなく、返品率がいくら低くても本が売れていなければ、利益は上がらない。

また、返品率は、販売を目的とした流通の「結果」だから、「返品率を抑えるという行為」は、直接的には存在しない。「返品率」の抑制策は、具体的には仕入れや送品を抑えることである。市場への本の送品量が減り、出版業界がシュリンクする。本当にそれは正しい選択なのだろうか?

取次、書店の利益は、販売総額に利益率を掛けたものから、送返品にかかる経費を差し引いたものである。一四七ページの計算式の通り、利益が出る返品率の上限は、利益率と経費率から計算できる。返品率がそれ以下の場合に生ずる利益は、送品(仕入)総額と返品率の両方を変数とする関数となる。送品総額と返品率は相関するから最適値を求めるのは難しいが、送品(仕入)総額は大きいほど、返品率は小さいほど利益は大きくなる。だから、返品率にだけ着目してそれを抑えるために送品(仕入)量を抑えるのは、二つの変数の片方しか考慮していないことになる。あるいは、片方の変数を重視する余り、もう片方の変数についてはむしろ目的(利益増大)と反対の結果をもたらすように決定してしまっている。

さらに、ここまでの計算では経費率を定数としているが、実際は送返品額が大きいほど、経費率は落ち、その分利益が大きくなると考えられる。荷物の量にかかわらず毎日走るトラックは、往き還りの荷物が欲しい。送返品のための発伝、梱包、積み込みのためのラインは営業時間中には稼働していて、その作業に携わる人たちの賃金も通常出来高払いではない。多少物流の量が増えたところで、新たに設備投資したり人員を増やしたりすることはなく、頑張って生産性を上げなければならないだけだからだ。逆に物流の量が減ったところで、ヒマになるだけで、即座に経費節減できるわけではない。

少し長い目で見た時には、仕事が減れば人を減らして人件費を抑えることはできるだろう。逆に言えば、比較的容易に節約できる流通経費は人件費だけである（まさに、可変資本）。

だが、より長いスパンで見れば、人減らしによる人件費削減も良策とは言いがたい。出版流通に働く人たちは本好きが多い。毎日色々な本に接していると、どうしても読みたくなる。人件費として投下した資本の一部は、やがて回収されることが多いのである。そうした資本循環の中で、出版流通の現場に本に詳しい人材が集まり、より魅力的な書店空間を作り上げるプロセスを軽視してはならない。ぼくが新入社員の頃、サンパル店立ち上げの際、取次の倉庫担当者に多くを教えられたことを覚えている。澁澤龍彦や種村季弘の愛読者であった荷受け・返品の学生アルバイトにどれほど刺激されたかを思い出す。近い例では、〝本屋大賞〟も、全国の書店員がまず自腹で候補作を買って読んで投票し、現在の隆盛を迎えたのだ。

返品率の削減は、決して根本の問題である本が売れないことの解決や対策にはならない。(ちなみに、返品率が限りなくゼロに近づくという夢の様な状況が、日本の出版流通において現実となったことがある。それは、終戦直前の、出版社も激減し、配給の紙も不足し本がほとんど出なくなった時だった。もちろん本が売れたわけではない。)

むしろ、「返品率削減」の大号令のもと送品総量を減らす、出版社が出庫を渋る、取次が流さない、書店が注文を抑える方策は、状況を更に悪化させる危険がある。

読者は、本との新たな出会いを求めて書店を訪れる。そこで初めて知る本も多い。書店店頭は、新刊(に限らず)本が自らをアピールする場なのだ。他の本と勝負する競技場なのである。書店への送品量が減ってしまっては、読者に気づかれずに消えていく本はもっと多くなってしまうだろう。一方、いつ行っても、何処に行っても同じような売れ行き良好書ばかりが並んでいるなら、読者の足は書店から遠のく。そうして、本が売れなくなるスパイラルがますます進行する。POSデータを参考にして配本していると言われても、そもそもPOSデータは過去のデータであり、また、販売機会逸失は全く反映されない。

P；利益、W；送品額、R；返品額、p；利益率（取次では書店出し正味－仕入正味、書店では1－仕入正味）、e；経費率（取扱量単位金額あたり経費の率）　r；返品率（$r=R/W$）とする。

利益Pは、販売額（＝送品額－返品額）×利益率から経費（＝送返品総額×経費率）を差し引いたものだから、

$P=p(W-R)-e(W+R)\cdots(1)$

$R=rW$（∵定義により$r=R/W$）を(1)のRに代入して、

$P=p(W-rW)-e(W+rW)\cdots(2)$

右辺を展開してWで括ると、

$P=p(1-r)W-e(1+r)W$

$=\{p(1-r)-e(1+r)\}W\cdots(3)$

利益が出るのは、$P>0$の時、(3)により、

$\{p(1-r)-e(1+r)\}W>0\cdots(4)$の時である。

$W>0$だから、(4)の両辺をWで割ると、

$p(1-r)-e(1+r)>0\cdots(5)$

(5)の括弧を開いて、$p-pr-e-er>0\cdots(6)$

(6)をrで括ると、$(p-e)-(p+e)r>0\cdots(7)$

(7)の$-(p+e)r$を右辺に移項して、$(p-e)>(p+e)r\cdots(8)$

$p+e>0$だから、(8)の両辺を$p+e$で割ると、

$(p-e)/(p+e)>r\cdots(9)$

(9)が成り立っている時$P>0$となり、利益が出る。

即ち、返品率が「利益率と経費率」の差を「利益率と経費率」の和で割ったものよりも小さければ、必ず利益が出るのである。

また、$P=p\{(1-r)-e(1+r)\}W$だから、利益が出る返品率rの範囲内では、rが一定であれば（p, eは定数と考えられるから）利益Pは送品額Wの増減に比例して増減する。但し、実際には返品率rは送品額Wによって変動するから、利益Pが最大になる送品額Wの値を求めるのは、難しい。

だから、毎日の実売データを見ながら、小刻みに注文したり小出しに送品して極力返品を減らそうという考えも、思っているほど上策ではない。ある著者のコアなファンや雑誌の愛読者は、おおむね発売日を知っている。もしも発売日に訪れた書店で見つからなければ、二度とそこには戻らず、買う意欲もなくしてしまうか、あるいはネット書店に発注するだろう。

一方、出版社にとっては、返品率の上昇は、自らの存続すら危うくする。一度市場に出た本はできるだけ帰ってきてくれない方がいい。委託ではなく買切条件での出庫が魅力的に映る。

だが、買切となると書店は注文を抑える。いくら返品率が下がっても、商品が倉庫に眠ったままだと意味がない。出版社にとっても目指さなければならないのは自社の本を売ることであり、書店はなお有力な販売チャンネルの一つだから、少しでも発注へのインセンティブを高めようと、例えば買切＋低正味を書店に提案する。書店は自らの取り分が大きくなることを喜び有り難がるが、低正味が有り難いのは、売れた場合に限る。売れ残った商品は、ただの不良在庫である。低正味は読者へのインセンティブにはならないから、普通正味の商品との競争におけるアドバンテージとはならない。買切＋低正味に旨味があるのは、そもそもそれが売れる商品であってのことである。だが出版社が低正味を打ち出すのは、そうでないと書店が買切扱いでは十分に仕入れないからで、ベストセラーとなる確率が高い本は、まず低正味を提案したりしない。

村上春樹の『職業としての小説家』（スイッチパブリッシング）は、発行部数の大半を出版社から直接買い取った紀伊國屋書店から、取次を通して買切で書店に卸されたが、「＋低正味」ではない。正味を落とさなくても、村上春樹の新刊ならば書店は仕入れるからだ。一書店が新刊の大部分を買い取り、それを他の書店にも回すという空前の方法をとったのは、「ネット書店ではなくリアル書店で買ってもらうため」だと、紀伊國屋書店は説明した。高井昌史社長は昨年末に上梓された『本の力』（ＰＨＰ研究所）で、フランスの「反アマゾン法」や、アシェットなどの出版社のアマゾンへの配本制限を評価し、アマゾンへの対抗姿勢を鮮明にしている。

だが、買切制にしたことによって、書店からの注文は、委託商品に比べて抑えられただろう。結果的に店頭品切を起こした書店に行って買えなかった読者は、やはりネット書店に注文したかもしれない。結局アマゾンへと走ったのではないか。

出版界が長く委託性を採用してきたことにも、戦略上の理由があるのである。

出版業界のシュリンクが技術の進歩による必然であるならば、すなわちインターネットの普及や電子書籍の登場が出版物の存在理由を次々に小さくしていくのが避けられない時代の趨勢であるならば、出版・書店業界は適正規模まで撤退するのが、潔いかもしれない。しかしぼくには、出版物の存在理由が小さくなってきたとは、決して思えない。世界的にも国内も混迷を深めていく二一世紀の時代に、出版はますますその役割を期待され、出版業界はその期待に応える責務があると思うのだ。

ところが、量的シュリンクに引きずられるように、出版界は質的にもシュリンクしている。出版界の「質的シュリンク」には、二つの相がある。一つは、本が売れないことにより本の製作予算が減ってきていることである。製作予算のトータルが減ってきている上に、一点あたりの売上の低下を補うべく点数が増えてきたから、一点にかけられるお金はさらに少なくなる。そうなると商品の質は落ちるから、ますます売れなくなる。粗製乱造のスパイラルである。

紀伊國屋書店の高井社長も言う。

「本が売れなくなれば、編集費を削る。貧すれば鈍するで、「そんな取材費は出ないよ」と言えば、ますます本の質は落ちていきます。いまこそ出版社は、そのような負の連鎖を払拭すべきです。学者であろうと作家であろうと、しっかりした本を書く著者を出版社が支え、書店が売る。売るために書店は、より多くの人を引きつけるような店づくりをしていかなければなりません。」（『本の力』）

「質的シュリンク」のもう一つの相は、売れるものしかつくらないことだ。

具体的には類書のＰＯＳデータが売れることを保証してくれている本しかつくらない、もっと正確にいうと「類書のＰＯＳデータが売れることを保証してくれている」と信じ込んでいる本しかつくらない、ことである。

ＰＯＳは過去のデータでしかなく、一つの目安にはなっても、決してこれから売れることを保証してくれるものではない。逆に、過去に類書がない本については、ＰＯＳデータは何の「保証」もしてくれないが、売れないとは誰にも断言できないのだ。

こうした質的シュリンク＝「売れるものしかつくらない」という戦略は、むしろ悪手である可能性が高いと考える。

売行良好書は、多くの読者が買って読んだ本だ。読者は、そうそう同じような本ばかり続けて読みたいとは思わない。なのに、各社がこぞって、売行良好書の後追い企画を出す。一点あたりの売上が少なくなるのは、当然のことだ。

そもそも普通同じ本は二冊買わないし、同じようなことが書かれた別の本を買った読者も

「損をした」と思うだろう。「耳触りのよい」言説を盛った本は、「やっぱりそうか」と読者を安心させるだけで、それ以上の読書意欲は生み出さない。本の市場は特に、文字通り日々新たでなければならないのだ。

読者は、本を一冊読むごとに変化していく。つくる側が、売る側が同じ地点にいてはその変化に追いつけず、どんどん引き離されていく。他人のつくった本の物真似で、読者に伴走することなど出来るはずがない。

ところが今日、新刊書は売れた本に追随したものばかりになり、その結果ある方向に偏ってきてしまっていることも危険である。

書店の風景は、社会を映す鏡でもあると同時に、社会の一部分を増幅して読者に伝える。書店に並ぶ本が「売れる本」のスパイラルによって強い傾向性を持ってしまうと、それが社会の真実だと捉えられてしまう。

例えば、「売れるから」という理由だけで、いくつもの出版社が何の共感も信念もなく「嫌韓嫌中本」を出版し続けた。書店はそれらを無反省に書棚に並べ続けた。そうした「商売」は、結果的にアジア地域の危機意識を増幅することによって、「安保法案」成立に一役買わなかったと言い切れるか？

嫌韓嫌中本を量産したある編集プロダクション会社の編集者は言う。
「僕は誰に向けて作っているのか。読者に対してではないんです。出版社の担当者に対してなんです。」（『さらば、ヘイト本』ころから）
「読者が望んでいるから、読者が買ってくれるから、そのような本をつくるのだ」と、往々にして責は読者に帰せられる。しかし、そうした読者を存続させ、新たに産み出していくのは、それらの本なのである。出版社に製造者責任は、書店に販売者責任は、ある。責任ある仕事を選んだのならば、信念が必要である。時に決断が求められる。出版が「志の業」と言われる所以である。
かつて、出版社はもっと各々の色を持ち、出したい本を出していた。実売データなどほとんどなかったから、書店に流してみないと売れるかどうか分からなかった。賭博に近いところがあった。だが、だからこそ、自らの信念に従った出版物が多かったような気がする。その結果書店店頭は、今ほど広くなく、出版点数も今ほど多くなかったが、もっと多様だった。それが、POSレジが普及し、POSデータが素早く得られるようになって、各社「売れる本」を競ってつくるようになり、店頭風景が一様化し始めた。それは、社会が二者択一化して議論の場が失われていき、政治がポピュリズム化していったのと軌を一にしていたような気がする。

データに基づいて出版計画を立て、データに基づいて商品仕入を行うことを否定するわけではない。ＩＴ時代が到来し、他産業から遅れて、ようやく出版業界にも「マーケティング」が導入されたと言う人もいる。

だが、出版はそれだけではないと思うのだ。出版に「マーケティング」があるとすれば、その意味は「市場調査」だけではない。それ以上に「市場開拓」である。出版にとって本来の「マーケティング」とは、議論の場を創成、醸成していくことなのだ。


（「新文化」二〇一五年一〇月二二日、二九日）

安保法案の成立を受けて改めて出版の役割を考える

二〇一五年九月一九日未明、参議院本会議において、安保関連法が、賛成多数で可決された。集団的自衛権への疑問や違和感を訴える世論が根強く、全国で反対集会やデモが繰り広げられていた中での成立だった。

多くの憲法学者が「違憲」と断じ、戦後の平和主義を捨てるものとして国民の広汎な反対を受けている法案を、議会の圧倒的多数により強引に成立させた安倍首相のやり口を批判する人は多い。

だが、法案成立に向けて、安倍首相は法を犯した訳でも、プロセスを無視した訳でもない。現行法に則り、手順を経て成立にこぎつけたのである。「数の論理」による暴挙という声も多いが、代議制民主主義では、最後には議会の多数決で決着をつけるのが、ルールだ。安保関連法成立の帰趨は、二〇一四年末の総選挙で決していたと言える。

その時点で、安倍首相は既に憲法「改正」さえもほのめかすほど、集団的自衛権の容認姿勢を明らかにしていた。その志向は、前回の首相在任時から一貫しており、国民は「騙された」とは言い難い。自らが総裁を務める自由民主党が圧倒的多数の議席を得たからこそ、安倍首相は自信をもって法案成立まで突き進めたのである。

自民党候補者に投票した有権者が、「こんなはずではなかった」「ここまでやるとは思わなかった」と言っても後の祭り、それが代議制民主主義なのである。

「代議制民主主義は、直接民主制の古代アテナイでは決して認められなかった、なぜならそれは貴族制と同じであると見なされたから」と、国会前で抗議活動を続けてきた学生組織

ＳＥＡＬＤｓの若者たちを前に高橋源一郎は語る（『民主主義ってなんだ？』河出書房新社）。

本来、民主主義とは、構成員一人ひとりが平等の政治的権利を持つ制度であり、それは同時に、一人ひとりが政治的課題に対して意見と責任を持つ制度なのである。選挙で代表を選んであとは他人任せ、なのではない。

もちろん、人口一億を超すこの国において（おそらく今日の世界のどの国においても）、古代アテナイのような直接民主制は現実には極めて困難である。現行制度では、さしあたり民意は選挙で反映させる他ない。

しかし、それは当選議員に政治を任せることではないし、選挙民の政治的責任が免除されることではない。むしろ、だからこそ国民一人ひとりが政治的課題に関心を持ち、知識を得て考え抜き、確信と責任を持って一票を投じ、さらには議会の動向を見つめ、議員一人ひとりの言動にも注意を払っていかなければならないのだ。

そのために重要なのが、判断の根拠となる正確な情報の伝達と、その情報を読み解くリテラシーの普及である。民主主義に不可欠な、その仕事を担うことこそ、マスコミ、ジャーナリズム、そして出版・書店業界の存在理由である。

今日本の出版ジャーナリズムは、果たしてその役割を果たせているのか？　それこそ安保関連法成立も、「他人事」もしくは商売のネタとしてしか見ていないのではないか?

売れるからと言って、何の共感も信念もなく「嫌韓嫌中本」を出版し続けた出版社、それらを無反省に書棚に並べ続けた書店は、結果的にアジア地域の危機意識を増幅することによって、安保関連法成立に一役買わなかったと言い切れるのか? 叩ける相手を見つけると、われ先に群がり、付和雷同的に攻撃の矢を浴びせ続けるような出版活動が、どのような公共空間を形成し得るのだろうか?

「自分は民主主義に資するために出版という仕事に奉じている」と胸を張って言える人が、どれだけいるだろうか?

誰かを糾弾したいのではない。「犯人探し」をしたいわけでもない。まだ、「終わり」ではないからだ。

SEALDsの中心メンバー奥田愛基は、「民主主義が終わってるなら、始めるぞ」と、デモで連呼する。安保関連法が成立したからといって、すぐに自衛隊が海外に派遣され、交戦するわけではない。法は適用されて始めてその威力・暴力を発現する。平和を愛するならば、誰かを殺すことを望まないならば、その思いを表明し、抵抗していくことが何よりも大切なのだ。

そして国民の多くがその思いを共有しているならば、そのことを政府に、社会全体に発信していくための運び役《メディア》たらんとすることが、マスコミ、ジャーナリズム、出版、書店業界の責務ではないだろうか？

「今、出版は大変なんだ」と言う人がいるかもしれない。「まず、自分たちの危機を乗り越えなければ。民主主義？　それどころではないんだ」と。

「それどころではない」と逃げるなら、「民主主義」を担う力もなくなり、守る気概がなくなっているのなら、そのような出版業界は、滅びの道を歩むしかない。

高橋源一郎は「民主主義とは、たくさんの、異なった意見や感覚や習慣を持った人たちが、一つの場所で一緒になっていくためのシステム」と定義した（『ぼくたちの民主主義なんだぜ』朝日新聞出版）。

我々もその定義に乗ろう。その時、その「一つの場所」こそが、出版という営為が豊穣なものとなりうる場所、否生きる唯一の場所であると知るだろう。

出版業界の未来は、社会の状況や読者の嗜好に迎合する本を量産、販売することによっては決して訪れない。自らの存在理由を見つめ直し、矜持を持ち、あるいは捨て身で本来の役割を全うしようとする時にこそ、出版の未来への突破口を開くことができる、と信じる。

（「Ｊｏｕｒｎａｌｉｓｍ」二〇一五年一一月）

クレームはチャンスだ――ブックフェア中止問題を考える1

起こっていたのは、おそらく書店の日常からさして隔たっていない出来事だったのだろう。本という商品の特性から必然的に起こる軋轢が、普段よりも見えやすい形になっただけだと思う。

日本国憲法　第二一条　集会、結社及び言論、出版その他一切の表現の自由は、これを保障する。

本という商品には、憲法のこの条文の後ろ盾がある。

誰しも、自分の意見を述べ、それを出版して世に問う権利を保障されている。憲法が権力の暴走を押しとどめるために存在することを思えば、時の政府の方針に反対する意見を述べる自由は、この条文に特に親和性があると言える。

日々出版される多くの人の多様な思いは、時に共棲不能と感じられるほど相対立する意見をぶつけ合うこともあるだろう。それこそ「出版の自由」なのだ。一冊一冊の本は、それぞれが共感と反発の両方を生み出す。

万人が共感する出版物には、存在理由はない。誰をも、何をも更《か》えることがないからだ。それらの本から選び取り、書店の一角に集めて展示するのが、ブックフェアである。その作業の中に、時に明確な意図をもって、時に無意識のうちに、書店員の価値観は滲み出てくる。

それに対して、共感もあれば、反発もあるだろう。反発が昂じれば、糾弾に至ることもある。二〇一五年一〇月、MARUZEN&ジュンク堂書店渋谷店で起きたのは、想定外の出来事ではない。

ブックフェアは、書店員の表現行為である。憲法第二一条は、「一切の表現の自由は、これを保障する」と言い切っている。

一方、他者の表現行為に対する批判もまた一つの表現だから、憲法第二一条に保障されているものだ。

そして批判は、価値観の相違の結果であることが多いから、批判された側がすぐに批判を受け入れることはほとんどない。「一切の表現の自由は、これを保障する」という宣言は、表現同士の「交戦」を認めるということである。

今回の出来事で残念なことがあったとすれば、それはクレームもまた表現同士の「交戦」の、すなわち「出版・表現の自由」の要素の一つであるということが、まだ十分に理解されてはいないことであろう。

クレームが、むしろそのクレームの対象となった表現の力の証しであり誉れであると受け止める胆力を持つには至らず、クレームがひたすら回避されるべきものとのみ捉えられたことである。

一人あるいは数人のクレームのその向こうに、多くの「読者一般」が透けて見えてしまったのかもしれない。だが、それは「まぼろし」である。竹内洋がいう「大衆の幻像」と同じく、「読者一般」は存在しない。

「交戦」は、時に激しいものとなる。激しい攻撃を受けた側が、大きな痛手を蒙ることもある。その場にいなかった者には、一端退却という戦術が正着だったか悪手だったかは、判断できない。

だが、クレームは誉れであるだけでなく、チャンスでもある。ブックフェアの意図は、そこに集められた本たちの主張を、広く紹介することである。本たちの主張が企画者の信念に通じるものであるならば、その主張に対して異論を寄せてくるクレームは、対話の、説明の絶好の機会なのである。

そして仮に同意を得られなくとも、たとえ議論にもならなくとも、異論を聞くだけで、時に表現の修正も含めて、自らの主張を鍛えることができる。

まして、今回の出来事の発端となったブックフェアのタイトルは、「自由と民主主義を考える」である。

高橋源一郎は、民主主義を「たくさんの、異なった意見や感覚や習慣を持った人たちが、一つの場所で一緒になっていくためのシステム」と定義している（『ぼくらの民主主義なんだぜ』朝日新聞出版）。

ぼくはその定義に賛成だし、そこで言われる「一つの場所」であることが、書店の存在理由であり存続の道であると思う。

ヴォルテールの言葉として伝えられる「私はあなたの意見には反対だ。だがあなたがそれを主張する権利は命をかけて守る」を思い起こしてもいい。少なくとも、「民主主義」を巡るフェアに際しては、異論反論を同じ土俵に乗せる姿勢が、あるいはクレームに真正面から向き合う覚悟が必要だろう。

そうであればこそ、書店員もまた堂々と自らの意見を鮮明にすることができるのである。現代社会をめぐる様々な問題について中立の立場を堅守することは容易ではない。また、それが立派なことでもない。

中立であるためには問題そのものから距離をとらなければならない。当事者でありながら、中立に固執することは、むしろ「不誠実」というべきであろう。そして、民主主義国家の国民はすべて、その国の政治の当事者なのである。

中立でないこと、選書や並びに書店員の意見が反映されていることを、「押しつけだ！」「思想誘導だ！」と非難されることもある。

が、書店員が自分の売りたい本を読者に押しつけ、買わせることなど、残念ながら決して出来ない。そして万が一書店がそんな魔力を持ってしまうことがあれば、それは「異なった意見や感覚や習慣を持った人たちが、一緒になっていく」場所としての書店の自滅である（が、まずそんな心配はない）。

かくして、書店店頭は、本と本、本と人、人と人の「交戦」の現場である。現場の「兵士」に戦局は見えない。時として下手を打ってしまうこともある。戦術を誤ることもある。味方の戦術の誤りを糺すことは、時に必要な作業であるが、その作業に拘泥することは、敵を利する行為となってしまう。

今は、「内輪もめ」をしている時ではない。

（「WEBRONZA」二〇一五年一一月一〇日）

「中立の立場」などそもそもない——ブックフェア中止問題を考える2

フリージャーナリストの上杉隆が『ニュースをネットで読むと「バカ」になる』（KKベストセラーズ）と言うとき、それはインターネットよりも新聞、テレビなど既存のメディアの方が優れていることを意味するのではまったくない。

上杉は、日本のネットメディアが旧来のメディアの悪弊をそのまま受け継いでしまったことを糾弾しているのである。上杉は、大きな可能性を持っていたツイッターが日本で可能性の芽を摘まれた原因を、日本の匿名文化の中に見る。

上杉がニューヨーク・タイムズ東京支局の記者時代に叩きこまれたジャーナリズムの原則は、①情報源を可能な範囲で提示すること、②引用・参照元を示すこと、③署名を入れること、④訂正欄を設けること、⑤反対意見を掲載すること、だった。

記事には、取材源自身の誤りがつきものであり、取材源による意図的な嘘もあり得る。それでも、ニュース報道には速報性が求められるため、ある程度の確信で書かざるを得ない。その結果、事実に反する記事を発表してしまうリスクは避けられない。それゆえ、リスクを避けることよりも大切なのは、誤りがわかったら、すぐさま訂正記事を書くことなのである。

そのプロセスをスムーズにするためにも、記事に署名を入れることにより、誤りの指摘を直接速やかに受けることが大切だ。記事の帰責先を明確にすることは、反対意見を直接受け取りやすく、活発で建設的な議論を展開することにもつながる。

日本のジャーナリズムの主流においては、これらの原則がほぼ守られていない、と上杉は指摘する。多くの記事に署名はない。訂正記事は、紙面の目立たぬところに、しぶしぶ載せているとしか思えない。反対意見はほとんど採用しない。

自分が間違っているという可能性について、ほとんど認めようとしない。間違わないことは立派だが、無謬性を至上とする姿勢は、間違いがわかったときにそれを明らかにするのではなく、隠蔽、糊塗しようとすることに繋がる。それはより大きな嘘をつくことと同じである。

二〇一五年一〇月、MARUZEN&ジュンク堂書店渋谷店で開かれたブックフェア「自由と民主主義のための必読書50」をめぐり、「従業員による私的なツイッターアカウント」で「特定の意見を支持するツイート」があったとされて、ネット上で「炎上」が起き、店頭にも抗議の人々が現れた。そのため、フェアの一時撤去を余儀なくされた。

その件について、ぼくは朝日新聞東京本社の記者から取材を受けた。昨年前半にぼく自身がアンチ「ヘイト本」のフェアを自分が勤務する大阪・難波店で開催した際、同じようにネット上での批判や電話でのクレームを受け、そのことについて取材に応えたり、自分でも書いたりしたからであろう。

とはいえ、ぼくは渋谷店の現場に立ち会ったわけではなく、出来事の経緯を詳しく知ってはいなかった。

「東京にも取材に応じ、質問に答えて下さる人は何人もいらっしゃるのですが、ほとんどの場合、自分の名前も、店の名前も出さないでほしいと言われるのです」と、記者は遠く大阪までやって来た理由を説明した。

匿名志向は、取材される側にもきわめて強いのだ。そして、そのことは、「情報源の提示」というジャーナリズムの原則の適用を著しく困難にする。

書店も、小売店である。小売店は、顧客からのクレームを何よりも嫌がるし、その原因になるようなことは避けようとする。

しかし、ぼくたちが扱っている商品である書物は、さまざまな意見の〈乗り物〉であり、相互に異なる主張の塊なのだ。テーマに沿って書物を選んで展示するブックフェアは、書店の主張の場であり、すべての主張には異論がある。異論を抱く人たちが書店に抗議してくるという事態は、そのブックフェアの存在感の証左であり、クレームは〈向こう傷の誉れ〉なのだ。

だから、ぼくはクレームを避けたいとか、クレームから逃げたいとは思わない。反対意見があれば聞いてみたいし、議論もしたい。それが議論の誘い水になるのであれば、新聞取材は大いに歓迎し、率直に意見も言っていく。

翻って、新聞もまた意見や主張の場であるべきだと思う。明治以来、新聞が世論を引っ張っていた時代には、新聞はそれぞれの主張に満ちていた。

ところが、今回の件でも、記事は、書店のブックフェアが抗議を受けて撤退したという事実とそれに対する周囲の反応に終始し、それについて記者自身がどう思うかは明確にされていない。あえて言えば、「抗議を受けてフェアを撤収した腰抜けな書店」という話題に矮小化されてしまっている。

そのフェアのテーマである「自由と民主主義」、安保関連法制、市民の大規模な反対デモ、ＳＥＡＬＤｓらの行動・主張についてどう考えるか、新聞社としての所見も伺えなかった。「中立な立場に徹せよ」と上からうるさく言われている、と記者は言う。

ぼくら書店員も、「客に自分の偏った思想を押し付けていいと思っているのか?」「書店員は、あくまで中立の立場にあるべきではないのか?」とブックフェアを攻撃する人たちからしばしば言われる。

だが、偏っているから意見なのであり、中立な立場などもともとない。あるとすれば、それは議論の現場から逃走してはじめて座することのできる「高み」である。

名乗りをあげて堂々と自説を述べればいい。間違えたら、訂正すればいい。反対意見も、意見である限り尊重する。そうした議論の場であることなしには、書店という場も、新聞というメディアも、そしてあらゆる言説は、存在理由を失うだろう。

（「Ｊｏｕｒｎａｌｉｓｍ」二〇一六年二月）

跋　民主主義と出版、書店——その「一つの場所」へ

「願わくは、今日出る書物は、明日に向かった提言で満ち、人の知性を発火させるものであってほしい。そして、書店は、書物が喚起した議論が実り豊かな結果を産み出す、活気に満ちた「闘技場《アリーナ》」でありたい。」

『現代思想』二〇一五年二月号に寄稿した「憎悪・排除・批判——闘技場《アリーナ》としての書店は、今」をぼくはこのように締めくくった（本書序）。「闘技場」と言いながら、本たちに組み合う手足や罵り合う舌はなく、それは静かな「闘技場」のイメージであった。

だが時に怒号が、書店店頭に襲いかかることがある。書店が思想信条の結晶である本たちが犇《ひし》めき合う場ならば、それも当然のことか。

MARUZEN&ジュンク堂書店渋谷店では、二〇一五年一〇月一〇日から、ブックフェア「自由と民主主義のための必読書50」を開催した。九日後の一〇月一九日、フェアのことをもっと多くの読者に知ってもらい、盛り上げていこうと考えたスタッフの一人が、ツイッターで「闘います！」の宣言。ネット上ではそれに対して多くの批判が噴出した。その「炎上」を見た人たちによる電話でのクレームが殺到、店頭での激しい抗議もあり、一時レジ業務もスムーズにできないなど店舗運営に支障をきたす。店側は一〇月二一日にフェアを一時撤去、きっかけとなった「非公式」ツイッターは二〇日に削除された。丸善ジュンク堂書店はホームページで、当該ツイートは社の公式な意見・見解ではない、フェアは選書内容の精査・見直しの上再開するとアナウンスした。フェアは選書の一部を入れ換え、フェアタイトルを「今、民主主義について考える49冊」として、一一月一三日に再開された。

九月一九日未明の「安保関連法案」強行採決の直後にフェアが始まり、反対運動が盛り上がってきた時にやや「過激な」表現のツイートというタイミング、「自由と民主主義」というテーマ、いくつかの要因が重なった結果の出来事と言えよう。

一部新聞などの報道機関が注目したのも、これらの要因と、「フェア一時撤去」というわかりやすい事実ゆえであろう。朝日新聞の取材を受けたぼくは、次のように答えた。

「実際にクレームを受けた現場にいなかった以上、その時の受け答えや結果的にフェアを一時撤収したことについて、良かったか悪かったかについては判断できず、コメントは差し控えます。しかし、こうした出来事が実際に起こり、そして注目されていることは、書店やブックフェアに並べられた本にとって、むしろ僥倖だといえます。本や、書店の店頭にはまだまだ影響力があるということだからです。無視された方が空しく、哀しい。渋谷店の店長やスタッフは大変な思いをしたかもしれないが、クレームは「向こう傷の誉れ」とむしろ歓迎し、意気に感じて欲しいと思います。」

「クレームを歓迎せよ」とは、顧客や同僚たちから顰蹙を買いかねない言葉だが、実際、今回のケースで、クレームや批判は、何よりもブックフェアを世にアピールする結果となった。さらに言えば、今回のフェアは特に、異論のある人たちにこそ見ていただきたいフェアであり、フェアに並べられた本は、元々自らの主張に反対していた人を説得してこそ、面目躍如だと思うのだ。

もちろん、フェアにクレームをつけた人たちの意見を変えることなど容易ではない。簡単に納得してくれるような人は、そもそもクレームなどという手間のかかることをするわけがない。自分の意見に相当な自信を持っている人たちこそ、クレームの主なのだ。

だが、だからこそ、その意見を聞くことに意義がある。その人たちの考え方は、ブックフェア企画者とは違うもの、大抵は正反対のもの、多くは水と油のように相容れないものであろう。それゆえに、それを真摯に聞くことが、自らの考えを鍛え、また表現を鍛えることに繋がる。場合によっては一部修正から全面的な見直しに至ることもあるだろうが、どのような結果になっても、異論は自らの戦略を練り上げる契機となるのだ。

民主主義とは?

そして、今回のフェアのテーマ「民主主義」には、異論の存在こそがふさわしい。何度もくり返すが、高橋源一郎は、民主主義を「たくさんの、異なった意見や感覚や習慣を持った人たちが、一つの場所で一緒になっていくためのシステム」と定義した（『ぼくたちの民主主義なんだぜ』朝日新書）。異なった意見や感覚や習慣は、民主主義の前提であり、要素なのである。

その民主主義が今危うくなっている。民主主義を守るためにどうしたらいいのか？　民主主義とはそもそも何なのか？　そもそもこの国に民主主義などあったのか？　民主主義は本当に正解なのかも含めて、議論をすることこそ、民主主義だと再確認すべきだ。反対意見は議論に不可欠であり、ゆえに、民主主義に不可欠といえる。反対意見を回避しクレームを恐れるあまり自らの意見も発しないという姿勢は、まったく民主主義的ではないのだ。

ぼくがジュンク堂書店難波店で一昨年暮れから開催したブックフェア「店長本気の一押し！ ＳＴＯＰ!! ヘイトスピーチ、ヘイト本『ＮＯヘイト！ 出版の製造者責任を考える』」にも、何本かのクレーム電話がかかってきたが、その際にも、ぼくはまず相手の話を聞いた。聞かない限り議論にはならない。「中国や韓国は日本を侵略しようとしている」という、ぼくには荒唐無稽に思える話も、「嫌韓嫌中」派には、疑いようもない真実である。そのことを踏まえたうえで、「私は、そうは思いません。私は、近隣国と仲良くやっていく、それこそこの国の平和を守ることにつながると思います。だから、自国を実際以上に美化し、他の国を不当に貶めるような主張の本が量産されることは、反日感情を煽ることになり、決して賛成できません」と、ぼくははっきり持論を述べた。相異なる信念がぶつかり、火花を散らす。それが議論である。結果として意見の一致を見ることも、双方歩み寄ることも、再び決裂することもあるだろう。だが、結果はどうあれ、そこで議論がなされたことが大切なのである。議論に参加した人は、どのような意見を持っているかにかかわらず、すべて民主主義のプレーヤーである。

「反民主的」な意見を持っていても、それを表明する限り、民主主義のプレーヤーなのである。相異なる意見がぶつかり合って、結局何も前に進まないこともしばしばある。民主主義そのものには、これと決まったプランはない。意見の優劣を決めるモノサシもないし、目指すべき方向が予め与えられているわけではない。だから、なかなか何も決められない。そのことに苛立ち不満を持つ人も多くいるだろう。民主主義とは、きわめて面倒くさいものなのだ。

「民主主義とは、その程度のものなのか?」そう、「その程度のもの」である。しかし、「その程度のもの」に参加するのは、そんなに簡単なことではない。自分の意見を持ち（そのためには、他人の意見を知らなければならない。この自明なことが今日忘れられていることが多い。だから、本を読まない人が多いのだ）、それを他人に表現する技術と勇気を持たなければならない。自らへの批判も受け止めなくてはならない（必ず受け容れなければならない義務はない、受け止めて投げ返すことも、捨て去ることも自由だ）。「その程度のもの」には、知識や経験、そして何より覚悟が必要なのだ。

民主主義は「その程度のもの」だから、何が民主主義でないかも、明確である。まず、他人の意見を聞かないこと。ここで、民主主義的に議論を提供してくれていたクレーマーの多くが、馬脚を現す。彼らが最も民主主義的でないのは、「他人の意見を聞く」という姿勢がないことだ。

もう一つは、自分の意見を言わないこと（あるいは意見を持たないこと）。その点で、現在の日本は民主主義国家とは言い難いかもしれない。それほど、意見を言わない人が多いし持たない人が多い。そしてそのことを恥とするどころか、「沈黙は金」と言い放つ。集団の中で特異な意見を表明すると、「空気が読めない」などと非難される。そして、すぐさま排除の対象になる。

これこそ、日本の「お任せ民主主義」「丸投げ民主主義」の姿である。自らは知らず、考えず、決断せず、それらをすべて政治に携わる人たちにゆだねる。そして指導者が失敗すると、ここぞとばかり批判を浴びせる、それも多くの場合集団で。

記録的な長期政権を実現した小泉人気は、その政策への支持というよりも、小泉のパフォーマンスへの人気投票という面は否めない。郵政民営化はいったい何を生んだというのか？　拉致問題についても、その後大きな進展はない。

発足当初から野合の弱点を持っていた民主党政権は、沖縄基地問題をはじめ多くの政策で揺れに揺れた結果自滅したという面ももちろんあるが、結局は、東日本大震災と福島原発事故の責任を一身に背負わされ、詰め腹を切らされたといってもいい最後であった。ジェットコースターのような支持率の急落は、そのことを表している。同じことが安倍政権にも起こらないとは限らない。二〇一四年末の選挙で自民党に圧倒的勝利を与え、「安保関連法案」成立を下支えした「民意」は、その結果自衛隊員に戦死者が出たり、日本が戦争に巻き込まれたりした時に、遠慮会釈なく安倍政権の所為にするかもしれない。だが、実際にそうなった時、主権者である国民は、もはや「他人任せ」の観客ではいられない。「丸投げ」のつけを払う羽目になるのは、主権者である国民なのだ。

結局、ぼくたち一人ひとりが民主主義を引き受ける、主権者であることの自覚を持つほかないのである。面倒くさくとも、多様な意見がある状況を受け容れ、果てしない議論、説得を粘り強く続け、建設的な合意形成を目指すしかないのである。

書店は中立であるべきか?

「客に自分の偏った思想を押し付けていいと思っているのか?」「書店員は、あくまで中立の立場にあるべきではないのか?」——「NOヘイト!」フェアで、ぼくが何度も浴びせられたクレームである。おそらく、渋谷店でも同様であったのではないか。

自分の主張を書棚で表現して、本をお勧めして売れるほど、書店業は甘くない。どれだけ、「本気の一押し!」をしても、実際のところ、反応は鈍い。我々にできるのは、自分の意見を表明することだけである。

書店員が自分の意見を表明すること、それ自体がいけないことなのだろうか? ぼくはそうは思わない。民主主義を奉じるならば、主権者である国民一人一人は、意見をもつべきであり、それを表明すべきだと思う。意見同士のぶつかりはあるだろう。意見を表明した者は、対立した意見を持つ人に、自分の意見を説明する責任も伴う。それは、確かに手間のかかることかもしれない。民主主義は、面倒くさいのだ。

書店員は中立の立場にあるべきなのか? そうは思わない。そもそも、中立な意見などない。偏っているから、意見なのだ。中立な立ち位置もない。相異なる意見のそれぞれの半分ずつを取るのが中立なのか? そんな意見、そんな立ち位置は議論の中にいる限り、あり得ない。唯一中立な立ち位置とは、議論の現場から離れ(昇天して)、大所高所から眺めるだけの場所であろう。それは、意見をもつことの放棄でしかない。これもひとつの「お任せ」であって、民主主義とは真逆である。

あるいはこのようにも言える。「中立であるべき」というのも、一つの意見(メタ意見)である。中立を要求することは、時に普通の意見よりも攻撃的なものとなる。例えば、時の政権が選挙期間中に放送局や新聞社に「常に中立でいろ！」と要請するのは、意見を述べるなと命じることであり、言論の封殺である。

中立であることは、それを徹底しようとしたときに、当初そうであると思われたものとは正反対のものになるのだ。議論のただ中にあって中立の立場を取ることは、「偏った」意見から距離を置くことである。だが、意見とは本来偏ったものだから、中立の徹底はすべての意見の否定となる。すべての意見を攻撃し、破壊しようとする。意見もない、議論もない状態が、徹底した中立の理想郷である。それは、オーウェルやハクスリーが描いた、ディストピアである。おそらく、そこに本の居場所はないであろう。ブラッドベリの『華氏四五一度』のように。

現実に、今や「出版の未来」を問う仕方は、「出版の未来はどのようなものか？」から「出版に未来はあるのか？」に変わってきている。インターネットやスマートフォンの進化、浸透によって、出版物の役割は大幅に制限されていくのではないか？　「紙の本」は、電子書籍に取って代わられるのではないか？

その「一つの場所」へ

「出版界のこれまでの成長を支えてきたこれらの（情報の一過性に頼る）出版物が他のメディアに取って替わられることをいまやおそれてはならない。業界的な成長はもはや期待できないとしても、出版は本の力、活字の力を取り戻すことによって未来をつくっていくことはまだまだ可能なのである。」

未來社社長の西谷能英は、『出版は闘争である』（論創社）で、力強く、こう宣言する。

そして、「出版界は娯楽的にも情報的にも消費されたところで役目を終える出版物のための物量的産業であることをやめ、数は少ないけれど必要な読者にとって固有な価値をもつ出版物（という文化）をいかに生き残らせることができるようにするかを考えていくべきだ」と主張する。「書かれるまえにはどこにも存在しえなかった世界への窓、世界認識のしかた、こんな物事の見方があったのかという驚き」をもたらすすぐれた文学書、「それぞれの学問的見地から学問や科学の最先端を探求した結果ようやくにして獲得できた知」の成果である専門書の産出こそ、出版という営為が、目指すべき方向なのである。

そうした出版物は、「刊行当初においては十分理解されないことがあっても、あるいは一般にはなかなか理解されないことがあっても、時間がたてばそれが人類の文化の向上に計り知れない価値をもたらす」。だから、刊行当初は、数少ない読者にとって価値があるだけかもしれないが、存在することによって、少しずつでも粘り強くそうした読者を増やしていく。「偏った」本こそ、人を更《か》え、世界を更えることが出来るのだ。

星野渉は『出版産業の変貌を問う』（青弓社）で、かつては「「マーケティング」などという言葉を使うと怪訝な顔をされた」と言う。出版物は「売れるものを作る」のではなく、「作るべきものを売る」べきだとされ、多くの出版社は編集部主導で経営されていた。だが、右肩上がりの成長を続けながら、やがてそれまでの経験と勘だけに頼る仕事は限界に突き当たり、売り上げスリップの定期的収集など、市場での実売データに基づいた重版、配本、そして新刊の戦略が模索されはじめ、その傾向は、書店へのPOSレジの普及とともに加速した。POSデータにより、出版社は市場での実売状況をほぼリアルタイムで知ることができ、市場動向に速やかに反応することが出来るようになった。他の業界に大きく遅れた、出版業界の「マーケティング」のはじまりである。

POSデータによる「マーケティング」は、確かに出版業界の効率性を高めた。だがその一方で、出版という生業が有する大切なものが置き去りにされたのではないか？　それは出版という営為の役割、すなわち、人を更えること、社会を更えることである。

書店は、同時代の人々の欲望の鏡である。出版物の実売データは、その正確な数値化である。それにのみ基づいて出版物がつくられるならば、それらが売れることによってその欲望は伝搬され、ますます増幅、蔓延する。「お任せ民主主義」の社会であれば、その拡大の速度、ヒートアップの激しさはなおさらである。本が、「お任せ」の標的、責任の転嫁先になるからだ。

責任転嫁の姿勢は、つくる側にも転移する。編集者自らがその価値を認められない出版物が、「売れるから」という理由で量産される。出版活動の責任が、読者に転嫁されるのである（いわゆる「嫌韓嫌中本」「ヘイト本」の多くが、そのようにしてつくられている）。

かつて、出版社はもっと各々の色を持ち、出したい本を出していた。実売データなどろくになかったから、自分たちのつくった本が実際に売れているのかどうなのか、まったく覚束ないまま仕事をしていた。新刊をつくっても、書店に並んでみないと売れるかどうか分からなかった。賭博に近いところがあった。だが、だからこそ、自らの信念に従った出版物が多かったような気がする。その結果書店店頭は、今ほど広くなく、出版点数も今ほど多くなかったが、もっと多様だった。

それが、ＰＯＳレジが普及し、ＰＯＳデータが素早く得られるようになって、各社「売れる本」を競ってつくるようになり、店頭風景が一様化し始めた。それは、社会が二者択一化して議論の場が失われていき、政治がポピュリズム化していったのと軌を一にしていたような気がする。

データに基づいて出版計画を立て、データに基づいて商品仕入を行うことを否定するわけではない。出版も産業であり、書店業も商売である。ＩＴ時代の到来とともに漸く出版業界にも「マーケティング」が導入されたことは、業界全体の効率化のために必要であり、意義があることは、ぼくも認める（ぼく自身、九〇年代の初めから、ＰＯＳレジの導入、ＰＯＳデータの活用を主張していた。拙著『書店人のしごと』三一書房、『紙の本は、滅びない』ポプラ新書などを参照）。

だが、出版はそれだけではないと思うのだ。出版に「マーケティング」があるとすれば、その意味は「市場調査」だけではない。それ以上に「市場開拓」である。議論の場を創成、醸成していくことなのだ。そして人を、社会を更えていくことだ。

高橋源一郎が「民主主義とは、たくさんの、異なった意見や感覚や習慣を持った人たちが、一つの場所で一緒になっていくためのシステム」と言う時の、その「一つの場所」の存在こそ、出版という営為が豊穣なものとなりうる条件、否、生きる唯一の前提ではないだろうか。

多様な意見を呑み込んだ多くの本たちが立ち並び、論点を「見える化」して、議論を創発する。書店こそ、その「一つの場所」でありたい。

出版業界の凋落が叫ばれはじめて久しい。出版物の販売総額は、二〇年間低下し続けている。データに絡め取られた業界がシュリンクするのは、当然だ。新しいものが生まれてこないからである。

縮小する市場とともに低下し続ける数値を元に、それに合わせた仕事をしている限り、出版業界のシュリンク傾向に歯止めをかけることは出来ないだろう。必要なのは信念であり、矜持であり、そして勇気なのである。


(「ユリイカ」二〇一六年二月臨時増刊号)

著者略歴

福嶋　聡（ふくしま・あきら）

1959年、兵庫県生まれ。京都大学文学部哲学科卒業。

1982年ジュンク堂書店入社。神戸サンパル店（6年）、京都店（10年）、仙台店（店長）、池袋本店（副店長）、大阪本店（店長）を経て、2009年7月より難波店店長。

1975年から1987年まで、劇団神戸にて俳優・演出家として活躍。1988年から2000年まで、神戸市高等学校演劇研究会秋期コンクールの講師を務める。日本出版学会会員。

主な著書に、『書店人のしごと』（三一書房、1991年）、『書店人のこころ』（三一書房、1997年）、『劇場としての書店』（新評論、2002年）、『希望の書店論』（人文書院、2007年）、『紙の本は、滅びない』（ポプラ新書、2014年）など。

ISBN978-4-409-24109-7　C0036

書店《しょてん》と民主主義《みんしゅしゅぎ》
——言論のアリーナのために

二〇一六年六月一日　初版第一刷印刷
二〇一六年六月一〇日　初版第一刷発行

著者　福嶋　聡
発行者　渡辺博史
発行所　人文書院
〒六一二-八四四七
京都市伏見区竹田西内畑町九
電話〇七五・六〇三・一三四四
振替〇一〇〇〇・八・一一〇三
装幀　上野かおる
印刷所　創栄図書印刷株式会社
製本所　坂井製本所